A rush of blood to the head

THE STORY OF A MAN FACING THE ELEMENTS OF NATURE

Tectum Publishers
Godefriduskaai 22
2000 Antwerp, Belgium
info@tectum.be
+ 32 3 226 66 73
www.tectum.be

ISBN: 90-76886-30-X
WD: 2006/9021/1
(25)

PRINTED IN CHINA BY SC (SANG CHOY) INTERNATIONAI LTD.

Contents

Table des matières

Inhoud

Foreword

All through my youth I had very few heroes or people I looked up to; but once in a lifetime, we meet someone who seems bigger than life itself.

In 2002, I had the pleasure of taking Marc Herremans for a tandem parachute jump... Marc is an amazing athlete. In 2001, he finished sixth in the Hawaii Ironman triathlon (a 4.2 kilometre swim, a 180-kilometre cycle-ride and a 42-kilometre run) in a time of eight and a half hours. The following winter, while training in Lanzarote, he fell off his bike and, in a fluke accident, hit his back on some rocks and was paralysed from the chest down.
He never once gave up; during his recuperation, he decided to return to Hawaii and participate once more, this time in a wheelchair. In 2004, he not only finished this gruelling race in 10 hours 30 minutes – using only his arms for power – but he finished second behind the world champion.

Marc, it's an honour to know you!

MARC SLUSZNY

Je n'ai pas eu beaucoup de héros ni d'idoles au cours de ma jeunesse, mais un jour on rencontre quelqu'un qui semble plus grand que la vie elle-même.

En 2002, j'ai eu le plaisir de faire un saut de parachute en tandem avec Marc Herremans.
Marc est un athlète exceptionnel. En 2001, il a fini 6ème du triathlon hawaïen, également appelé Ironman (Homme de fer), avec un temps de 8h30 (4,2 km de natation, 180 km en vélo et 42 km de course à pied). L'hiver suivant, alors qu'il s'entraînait à Lanzarote, il a chuté du vélo et son dos a malencontreusement heurté des rochers. Il s'est retrouvé paralysé du torse aux jambes.
Il n'a jamais abdiqué et pendant sa rééducation il a décidé de retourner à Hawaii et de participer une fois de plus au triathlon, mais cette fois-ci dans un fauteuil roulant.
En 2004, il a non seulement bouclé cette effroyable course en 10h30 avec la seule force de ses bras, mais il a fini en deuxième position, juste derrière le champion du monde.
Marc, c'est un honneur de te connaître !

MARC SLUSZNY

Tijdens mijn jeugd had ik bijna geen idolen of helden naar wie ik opkeek. Maar op een dag ontmoet je iemand die het leven zelf overstijgt.

In 2002 had ik het plezier om Marc Herremans voor een tandem parachute sprong mee te nemen. Marc is een ongelooflijke atleet. In 2001 eindigde hij zesde in de Triatlon van Hawaï (Iron Man). Hij deed dit in een tijd van 8u30min. (4,2 km zwemmen, 180 km fietsen, 42 km lopen).
Toen hij de volgende winter in Lanzarote aan het trainen was, viel hij van zijn fiets met zijn rug op een rotsblok. Een onbeduidende val met enorme gevolgen: Marc was vanaf de borst verlamd.
Maar dat belette hem niet om door te zetten. Marc geeft nooit op en het was al tijdens zijn revalidatie dat hij besloot om terug naar Hawaï te keren en weer deel te nemen, maar deze keer in een rolstoel.
In 2004 slaagde hij er niet alleen in om de verschrikkelijke wedstrijd te beëindigen in 10u30, met alleen zijn armen als motorisatie, hij was zelfs tweede na de wereldkampioen.
Marc, het is een eer jou te mogen kennen.

MARC SLUSZNY

28 January 2002.
A cycling accident on the Canary Island Lanzarote. One second changed my life as a sportsman into a life in a wheelchair. Three months later I received a phone-call from someone I hadn't had any contact with before. 'Hi, this is Marc Sluszny'. We had a conversation about dreams and aspirations that still had to be achieved despite major setbacks in life.
A little later on Marc made one of my dreams come true. Together we jumped out of a plane free-falling from 4000 metres. This jump made me realize that while your heart is still beating, you always have to continue to believe in yourself. This splendid book is a journey into Marc Sluszny's world.
Nothing is impossible when you set your mind to it.

MARC HERREMANS

◄ *PAUL VANDENBOSCH, MARC HERREMANS & MARC SLUSZNY.*

28 janvier 2002
Un accident de vélo sur l'île de Lanzarote aux Canaries. Une seconde a fait basculer ma vie d'athlète à une vie en fauteuil roulant. Trois mois plus tard, j'ai reçu un coup de téléphone d' une personne que je ne connaissais pas. "Bonjour, c'est Marc Sluszny"... Nous avons parlé des rêves et des aspirations qui restent à accomplir malgré les grands revers de la vie.
Un peu plus tard, grâce à Marc, un de mes rêves est devenu réalité. Nous avons sauté ensemble d'un avion en chute libre à 4000 mètres d'altitude.
Ce saut m'a permis de réaliser que tant que notre cœur bat, nous devons toujours croire en nous-mêmes. Ce livre magnifique est un voyage dans le monde de Marc Sluszny.
Rien n'est impossible si on y croit.

MARC HERREMANS

28 Januari 2002.
Een fietsongeval op het canarische eiland Lanzarote. Op 1 seconde maakte mijn carrière als topsporter plaats voor een leven in een rolstoel. Drie maanden later kreeg ik een telefoontje van iemand waar ik voorheen nooit contact mee had. "Hallo, u spreekt met Marc Sluszny"... Het werd een gesprek over dromen en doelstellingen die ondanks tegenslagen nog steeds te verwezelijken waren. Een tijdje later ging er voor mij dankzij Marc een droom in vervulling. Samen sprongen we vanaf 4000 meter uit een vliegtuig in vrije val. Deze jump maakte me duidelijk dat zolang je hart bonst, je steeds in jezelf moet blijven geloven. Dit prachtige fotoboek neemt je mee in de wereld van Marc Sluszny. Niets is onmogelijk als je geest het wil.

MARC HERREMANS

Introduction

People ask me, 'Why so many sports?' A better question would be, 'Why so many dreams?'

This is my quest for savoir-vivre. I want to taste all the dreams and big adventures of this world - that would be something extraordinary to accomplish in one lifetime.

*I have had great moments,
but also suffered terrible lows.*

*I have never regretted anything, even after my
body and mind endured tremendous blows.*

*Many friends and strangers
have been there for me,
many of them have not.
My will and courage enabled
me to change my destiny a lot.*

*It has been a gift from heaven
to live all these dreams,
but not every adventure is what it seems.*

*I hope this book will pass on
that same strength to you,
believe in yourself and find
that power from within too!*

Marc Sluszny

Les gens me demandent "Pourquoi autant de sports?", ils devraient plutôt me demander" Pourquoi autant de rêves?"

C'est ma quête de savoir-vivre. Je veux goûter à tous les rêves, aux grandes aventures de ce monde; c'est une chose extraordinaire à pouvoir accomplir tout au long d'une vie.

*J'ai vécu de grands moments,
j'ai eu mon lot de souffrance.
Mon corps et mon esprit
ont subi au-delà des sens.*

*Beaucoup d'amis et d'inconnus
étaient là pour moi,
Beaucoup d'autres ne l'étaient pas.
Ma volonté et mon courage
m'ont permis de changer mon destin.*

*Pour tout cela, je ne regrette rien.
D'avoir pu vivre tous ces rêves est
un cadeau du ciel,
Même si les aventures sont parfois
cruelles.*

*J'espère que ce livre saura vous transmettre la force qui m'a aidé,
Croyez en vous et vous aussi vous la
trouverez !*

Marc Sluszny

Mensen vragen mij: waarom in hemelsnaam zo vele sporten? Een veel betere vraag zou zijn: waarom zo vele dromen?

Dit is mijn zoektocht naar mijn levenswijze. Ik wil van alle passies en grote avonturen van deze wereld proeven; en dit alles in één leven verwezenlijken, zou een uitzonderlijke prestatie zijn.

*Ik heb enorme hoogtes gekend en diepe dalen.
Ook al kende zowel mijn lichaam als mijn geest
verschrikkelijke tegenslagen.*

*Veel vrienden en zelfs onbekenden hebben voor
mij klaargestaan,
wat mij toeliet om de grootste beproevingen te
doorstaan.*

*Het is een geschenk uit de hemel om al deze
dromen die ik koester te kunnen behalen,
Mijn wil en doorzettingsvermogen hebben
het mogelijk gemaakt mijn lot zelf te kunnen
bepalen.*

*Ik hoop dat dit boek jou ook dezelfde
energie kan geven.
Geloof in jezelf en gebruik van binnenuit ook
die kracht in je leven!*

Marc Sluszny

◄ *ONE STEP AT A TIME*

UN PAS À LA FOIS

VREES NIET LANGZAAM TE GAAN,
ALLEEN HET STIL BLIJVEN STAAN

air

"Man must rise above the Earth – to the top of the atmosphere and beyond – for only thus will he fully understand the world in which he lives."

– SOCRATES

"L'homme doit s'élever au-dessus de la Terre - aux limites de l'atmosphère et au-delà - ainsi seulement pourra-t-il comprendre tout à fait le monde dans lequel il vit."

– SOCRATE

"De mens moet boven de aarde uitstijgen, naar het eindpunt van de atmosfeer en zelfs nog verder. Want alleen dan zal hij pas écht de wereld begrijpen waarin hij leeft."

– SOCRATES

Skysurfing

A lot of skydivers think they are getting an adrenaline rush, but it's really a meditative rush.

You are immediately in a perfect place of concentration. It is so intense, you have no choice but to be completely focused. Even time has no grasp on the moment. It's almost like touching eternity.

There are different forms of freefall: formation skydiving, freestyle, chute-assis and skysurfing. The most extreme is skysurfing. You never know when the board will catch the air the wrong way and put you in an uncontrolled spin.

*In 1994, we challenged the World Record in Formation Skysurfing.
It was a very difficult feat: getting five surfers to come together during free-fall and maintain the formation long enough to get a photo.
If any of us were to lose his balance, a catastrophic mid-air collision might result.*

Nombreux sont les parachutistes qui pensent avoir une montée d'adrénaline, mais je parlerais plutôt de « montée méditative ».

On se retrouve instantanément dans un pur moment de concentration. C'est si intense qu'on n'a pas d'autre choix qu'être profondément concentré. Même le temps n'a pas de prise sur le moment. C'est presque comme toucher l'éternité.

Il existe plusieurs types de chute libre : le vol relatif, le freestyle, la chute assis et le skysurf. Le plus extrême, c'est le skysurf. Il y a toujours le risque que la planche prenne mal l'air et qu'elle vous entraîne dans une vrille incontrôlable.

*En 1994, nous avons défié le record du monde de formation en sky-surf.
Un exploit très difficile : réaliser une formation de cinq sky-surfers pendant une chute libre et maintenir la formation suffisamment longtemps pour la prise de vue. Si l'un de nous perdait l'équilibre, nous risquions une collision catastrophique en plein ciel.*

Heel wat skydivers denken dat ze een adrenalinestoot krijgen, maar ik beschouw het als een toppunt van meditatie.

Je beleeft onmiddellijk een perfect ogenblik van concentratie. Dit is zo intens dat je geen andere keuze hebt dan volledig gefocust te zijn. Zelfs tijd heeft geen invloed op dit moment. Alsof je even de eeuwigheid aanraakt.

Er zijn verschillende vormen van vrije val: formatie skydiven, freestyle, chute-assis en skysurfen. Skysurfen is wel de meeste extreme vorm. Je weet nooit wanneer je uit balans wordt gebracht door de luchtstroming en zo in een ongecontroleerde 'spin' terechtkomt.

*In 1994 deden we een worp naar het Wereldrecord Formatie Sky Surfen.
Een uiterst moeilijke karwei om 5 sky surfers op één lijn te brengen en deze opstelling te behouden tijdens het nemen van de foto.
Indien één van ons zijn evenwicht zou hebben verloren, zouden de gevolgen rampzalig geweest zijn.*

◄ *World Record in Formation Skysurfing 1994. To my right is Gary Neiman, my pillar (literally and figuratively). All this above Moorsele in Belgium.*

Record du monde de formation en sky-surf, 1994. À ma droite, Gary Neiman, mon pilier (au sens propre et au sens figuré). Tout ceci en survolant Moorsele (Belgique).

Wereldrecord formatie Sky Surfen 1994. Aan mijn rechterzijde Gary Neiman, mijn steunpilaar (letterlijk en figuurlijk). En dit boven Moorsele (België).

My first skysurf, a skateboard. ►

Ma première planche de sky-surf fabriquée avec un skateboard.

Mijn eerste sky-surf, een skateboard.

You never know when the board will catch the air the wrong way and put you in an uncontrolled spin.

Il y a toujours le risque que la planche prenne mal l'air et qu'elle vous entraîne dans une vrille incontrôlable.

Je weet nooit wanneer de lucht je plank in een volledige ongecontroleerde 'spin' zal brengen .

Synchronized Skysurfing 1996

After placing 4th in the World Skysurfing Championships at Arizona in the USA in 1995, I was asked to make a series of commercials to be shown worldwide on TV and at the cinema. This picture was taken while filming one of our commercials. Seen here with my 'brother in arms' Gary Neiman in the skies above Ampuria Brava in Spain.
Jump from a plane at 4000 metres, meet each other in mid-flight and perform aerobatics... How crazy is that!

Sky-surf synchronisé, 1996

Après avoir été classé 4ème aux championnats du monde de sky-surf en 1995 en Arizona (États-Unis), on m'a demandé de faire une série de films publicitaires à diffuser sur les télévisions du monde entier et dans les cinémas. Cette photo est tirée de l'un des ces films.

Cette photo a été prise lors du tournage d'une de nos publicités. Je suis avec mon "frère d'armes", Gary Neiman, dans le ciel, au-dessus d'Ampuria Brava (Espagne).
Sauter d'un avion à 4000 mètres, se rejoindre en plein chute et réaliser des figures acrobatiques... C'est fou, non ?

Synchroon Sky Surfen 1996

Na mijn 4de plaats op het wereldkampioenschap sky surfen in 1995 (Arizona-USA), werd ik gevraagd mee te werken aan diverse reclamespots die wereldwijd zowel op televisie als in bioscopen zouden worden uitgezonden.

Deze foto werd genomen tijdens het filmen van één van onze commercials. Hier met mijn "wapenbroeder" Gary Neiman in het luchtruim boven Ampuria Brava (Spanje).

Uit een vliegtuig springen op een hoogte van 4000 meter, vervolgens elkaar halverwege ontmoeten en dan nog enkel acrobatische stunts uitvoeren...
Te gek!

▲ THANKS TO THIS DARING MOVE (TAKING ONE FOOT OUT OF THE BINDINGS), I FINISHED SECOND AT THE X-GAMES.

GRÂCE À CETTE FIGURE TÉMÉRAIRE (RETIRER UN PIED DES FIXATIONS), J'AI FINI DEUXIÈME AUX X-GAMES.

HET IS DANKZIJ DEZE GEWAAGDE BEWEGIN (ÉÉN VOET UIT DE BINDING LOSSEN) DAT IK TWEEDE WERD OP DE X-GAMES.

▲ *A great shot during an early morning jump above the Spanish Costa Brava. The airplane pilot is as 'hot' as it gets. Which one of us is flying? Him or me? Some of these pictures seem so unreal.*

Une superbe photo prise lors d'un saut matinal dans le ciel espagnol de la Costa Brava. Le pilote de l'avion est sublime. Qui de nous deux vole ? Lui ou moi? Certaines de ces photos semblent si irréelles.

Een sterke actiefoto van een sprong in de vroege ochtend boven de Spaanse Costa Brava. Buitengewoon: zowel de piloot als ik in vrije val. Wie vliegt er nu? Hij of ik? Sommige van deze foto's lijken zo onwerkelijk.

HB-XOF

The first time anybody had ever attempted to skysurf from a hot-air balloon (Château d'Oex, French Alps).

La première fois que quelqu'un a essayé de faire du sky-surf en sautant d'une montgolfière (Château d'Oex, les Alpes).

De allereerste keer dat iemand het waagde te skysurfen vanuit een luchtballon (Château d'Oex, de Franse Alpen).

Strapped onto a board,
I surfed the skies.

Amarré à ma planche,
Je surfais dans les cieux.

Vastgebonden aan een plank surfte ik door de lucht.

▲ *I entered the 1995 world championship and finished fourth behind skysurfing champs like Rob Harris, Patrick de Gayardon and Eric Fradet. After Rob and Patrick died (while jumping), I decided it was better to stop pushing the envelope, and become a living legend rather than a dead hero.*

J'ai participé aux championnats du monde de 1995 et j'ai fini quatrième, derrière des pionniers comme Rob Harris, Patrick de Gayardon et Eric Fradet. Après la mort de Rob et Patrick (en sautant), j'ai décidé qu'il valait mieux arrêter avant qu'il ne soit trop tard et devenir une légende vivante plutôt qu'un héros mort.

Ik nam deel aan het wereldkampioenschap van 1995 en eindigde vierde achter skysurfing kampioenen als Rob Harris, Patrick de Gayardon en Eric Fradet. Nadat Rob en Patrick (tijdens een sprong) stierven, besloot ik het noodlot niet langer te tarten en liever een levende legende te zijn dan een dode held.

EC-EMZ

PILATUS Olympic PORTER

I invented a board that I called the 'mirror image' (pages 28-30). We had to get into all kinds of positions before jumping out of the plane. The first time was very exciting because we didn't know what was going to happen. We were scared that one of us could break an ankle or a leg.
At separation time Elad would pull a ripcord that released him from the board.
I would then open my parachute, while keeping the board on the tip of my toes. Just before landing I would kick it off.

J'ai inventé une planche que j'appellais "l'image miroir". Nous devions nous mettre dans toutes sortes de positions avant de sauter de l'avion. Le premier saut était très excitant car nous n'avions pas la moindre idée de ce qui allait se passer. Tout le monde avait peur que chacun aille dans une direction opposée et que quelqu'un se casse une cheville ou une jambe.
Au moment de la séparation, mon partenaire a tiré sur une corde pour se libérer de la planche et tomber en chute libre. Moi, je me suis redressé et j'ai ouvert mon parachute tout en retenant la planche au bout des pieds; juste avant d'atterrir je m'en suis débarrassé.

Ik vond een plank uit die ik het „spiegelbeeld" doopte. Wij moesten ons in allerlei bochten wringen om het vliegtuig te kunnen verlaten.
De eerste keer was erg spannend omdat wij niet konden voorspellen wat er zou gebeuren.
We vreesden dat één van ons een enkel of een been zou breken.
Op het moment van scheiding moest Elad aan een kabel trekken die hem van de plank zou bevrijden.
Ik zou daarna rechtop komen en mijn parachute openmaken. Vlak voor het landen liet ik de surfplank los.

Bungee jumping

WORLDRECORD, 6720M (1994)

The World Bungee Jump Record of 5000 metres had been held by an Englishman since 1988. The difficulty in preparing to break the record was that one could not ask much advice as it had not been done often enough.

The logistical difficulty in having the right balloon, the right balloonist (pilot) and the right bungee was the hardest part. Furthermore we had to get permission to fly between the normal aircraft cruising heights and that on a specific day, weather permitting.

Depuis 1998, le record de 5000 mètres était détenu par un Anglais. La difficulté que nous avons rencontrée lors de la préparation de cet exploit résidait dans le fait que les conseils étaient rares car les expériences trop peu nombreuses.

La partie logistique était la plus ardue : trouver le bon ballon, le bon aéronaute et le bon élastique. Nous devions de plus obtenir l'autorisation de voler dans les hauteurs de croisière normales et ce, pour un jour précis, si le temps le permettait.

Het wereldrecord benji-springen (5000m) werd neergezet door een Engelsman in 1988. De moeilijkheid tijdens de voorbereidingen was dat er gewoonweg niemand over enige knowhow beschikte.

Het moeilijkste bleek het logistieke gedeelte: de juiste ballon, de juiste 'ballonvaarder' (piloot) en het juiste elastiek te vinden. Verder moesten wij de toestemming krijgen om tussen de lijnvliegtuigen rond te dobberen en dat op een door ons gekozen dag, als het weer het toeliet.

The dangers of this jump were the lack of oxygen at high altitude and an untried bungee release system that would let me go into free fall after establishing the record.
I also faced the fear of the unknown, as I had never done this before.

In 1994, with the help of Wim Verstraeten (the pilot who crossed the Atlantic in his balloon and who was part of the Breitling Orbiter Team that circumnavigated the world) and cartoonist Pejo (the creator of the 'The Smurfs', the balloon's sponsor), we took off from Oud Turnhout in Flanders (Belgium).

Les dangers de ce saut étaient l'altitude (manque d'oxygène) et le mécanisme de libération me permettant de me trouver en chute libre après avoir établi le record.

En juillet 1994, avec l'aide de Wim Verstraeten (le pilote qui a traversé l'Atlantique en ballon et membre de l'équipage du Breitling Orbiter qui a fait le tour du monde) et du dessinateur Pejo (inventeur des " Schtroumfs ", qui a sponsorisé le ballon), nous avons décollé d'Oud Turnhout dans les Flandres belge.

De gevaren van deze sprong waren de hoogte (zuurstofgebrek) en het losmaken van het elastiek (zodat ik in vrije val kon gaan na het vestigen van het wereldrecord).

In juli 1994, met de hulp van Wim Verstraeten, (de piloot die de Atlantische Oceaan met zijn ballon overstak en die deel uitmaakte van het Breitling Orbiter Team om de wereld rond te vliegen, en striptekenaar Pejo (de geestelijke vader van de „Smurfen", die de ballon sponsorde) stegen wij op vanuit Oud-Turnhout.

READY TO JUMP... FEAR, ADRENALINE AND EXCITEMENT. ▶

PRÊT POUR SAUTER... LA PEUR, L'ADRÉNALINE ET L'EXCITEMENT.

KLAAR OM TE SPRINGEN... ANGST, ADRENALINE EN SPANNING.

I always want to push myself to ***my*** *limit.*

Je veux toujours atteindre ***ma*** *limite.*

Ik wil altijd ***mijn*** *top bereiken.*

After 3 hours of flight, I broke the record at 6720 metres. It was the highest jump ever done with a bungee. After the elastic settled, I released myself and went into freefall. I had to hold my breath for about two minutes because of the lack of oxygen at that altitude. When the air temperature warmed up, I knew I could breathe again.

Après trois heures de vol, j'ai battu le record à une altitude de 6720 mètres. Le saut le plus haut jamais réalisé avec un élastique. Une fois stabilisé, je me suis détaché et j'ai plongé en chute libre durant environ deux minutes. Pendant ce temps, j'ai dû retenir ma respiration en raison du manque d'oxygène. Lorsque l'air s'est réchauffé, j'ai su que je pouvais à nouveau respirer.

Na 3 uur vliegen brak ik het record vanop een hoogte van 6720 meter. De hoogste sprong ooit met een benji. Nadat de elastiek zich had ontrold, bevrijdde ik me ervan en ging in vrije val gedurende twee minuten. Al die tijd moest ik mijn adem inhouden wegens het gebrek aan zuurstof. Pas toen de luchttemperatuur weer opwarmde, wist ik dat ik opnieuw kon ademen.

The bungee, the Smurf balloon and me. A new world record. ▶

L'élastique, le ballon Schtroumf et moi. Un nouveau record du monde.

Het elastiek, de Smurfballon en ik. Een nieuw wereldrecord.

Satisfaction guaranteed.

Satisfaction garantie.

Voldoening gegarandeerd!

BASE jumping

B.A.S.E. stands for Building, Antenna, Span (bridge) and Elevation (cliff/mountain). Anyone who has parachute jumped from one of these objects in freefall is considered a base jumper.

Freefalling from a fixed object and having only one parachute that must be opened within seconds is madness! For me, this is the highest level of mind over matter. If you are able to distance yourself from what is most valuable to human beings – life – and you can concentrate on the objective and not on the dangers of the moment, then you have achieved the art of complete focus.

B.A.S.E est l'acronyme de Building (bâtiment), Antenna (antenne), Span (pont) et Elevation (falaise). Tous ceux qui ont sauté en parachute à partir de l'un de ces endroits en chute libre s'appellent des "base jumpers".

Sauter en chute libre d'un objet fixe avec un seul parachute qui doit s'ouvrir en quelques secondes, c'est de la folie pure. D'après moi, c'est le summum de la puissance de l'esprit sur la matière. Lorsqu'on est capable de prendre suffisamment de distance par rapport à ce qui compte le plus pour les êtres humains, la vie, et que l'on parvient à contrôler son esprit et se concentrer uniquement sur l'objectif et non pas sur les dangers du moment, on atteint l'art du contrôle total.

B.A.S.E. staat voor Building (gebouw), Antenne, Span (brug) en Elevatie (berg). Wie vanaf één van deze punten een vrije val doet is een 'base-jumper'.

Een vrije val van een vast punt met slechts één parachute die binnen enkele seconden moet geopend worden, dat is gekkenwerk!
Afstand nemen van je leven, je doodsangst overwinnen en je enkel concentreren op je doel. Wanneer je dat kan, heb je de kunst van volledige zelfbeheersing onder de knie.
Voor mij is dit de grootste overwinning van de geest.

*Freefalling from a fixed object and having only one parachute that must be opened within seconds is **madness**!*

*Sauter en chute libre d'un objet fixe avec un seul parachute qui doit s'ouvrir en quelques secondes, c'est **de la folie pure!***

*Een vrije val van een vast punt en met slechts één parachute die binnen enkele seconden moet geopend worden, dat is **gekkenwerk**!*

◄ At the Lysefjord in Norway. Total focus... or total insanity?

Au Lysefjord en Norvège. Concentration totale... ou démence totale ?

Vanaf de Lysefjord in Noorwegen. Totale concentratie... of totale waanzin?

All the rest – money, glory, love – means nothing compared to your life.

Tout le reste – l'argent, la gloire, l'amour – ne signifie rien comparé à sa vie.

Geld, glorie, liefde – vervallen in het niets in vergelijking met je leven.

▲ *Camera... action!*

Moteur... action !

Camera klaar? En... actie!

Meditation means being able to distance yourself from everything around you, almost in perfect harmony with your mind, your body and the world. Time, place, feelings and emotions have neither access nor importance. You are just there doing what has to be done.

My biggest fear in BASE jumping was that my motorical functions would fail at the time of the opening. You have just two or three seconds to open the parachute before hitting the ground. One does not get a second chance if you miss the 'pull handle'.
In sky diving, there are two 'handles', one for the main canopy and one for the reserve chute, but in B.A.S.E. (because of the lack of height) you only carry ONE parachute.

So if you have a problem, you're in trouble... !

La méditation c'est être capable de prendre de la distance par rapport à tout ce qui nous entoure, c'est comme atteindre une harmonie parfaite entre son esprit, son corps et le monde. Le temps, l'endroit, les sentiments, les émotions n'ont plus leur place, ils n'ont plus d'importance. On est là, un point c'est tout, et on fait ce que l'on a à faire.

Ce dont j'ai toujours eu peur en B.A.S.E jumping c'est que mes fonctions motrices me fassent défaut au moment de l'ouverture du parachute. On a à peine deux ou trois secondes pour l'ouvrir avant de toucher le sol. Il n'y a pas de deuxième chance si on ne trouve pas la poignée. En parachutisme, il y a deux poignées, une pour le parachute principal et une pour celui de secours. En B.A.S.E jumping en revanche, en raison du manque de hauteur, on n'en a qu'UNE.

Donc en cas de problèmes...bonjour les dégâts...!

Meditatie is afstand doen van alles rondom jou, een bijna perfecte harmonie bereiken tussen geest, lichaam en de wereld. Ruimte noch tijd, gevoelens noch emoties zijn van belang. Je bent enkel daar en doet wat je moet doen.

Mijn grootste angst was dat mijn motoriek het zou laten afweten op het moment dat de parachute moest geopend worden. In amper twee à drie seconden moet deze open voor je de grond raakt.
Bij het skydiven is er naast je parachute ook nog een reserve. Krijg je de eerste niet open dan heb je nog een tweede kans.
Bij gebrek aan hoogte kan je bij B.A.S.E slechts één parachute dragen.

Dus... bij problemen ... kan je het écht schudden!

▲ *I've just survived the jump, now comes the landing.*

J'ai survécu le saut, vient maintenant le tour de l'atterrissage.

Nog maar net de sprong overleefd en daar is de landing al.

Gliding

Tough similar in knowledge and technique to hang-gliding, gliding is more accessible to the public and less dangerous.

The distances travelled by a glider can vary from 1 kilometre to the world record of 3000 kilometres, all in one day.

The glide-ratio is the distance the glider travels compared to the altitude it loses. Some competitive gliders can fly for 60 metres before losing a single metre in height.
Today's machines are the legacy of the Wright Brothers, stretching back 100 years.

Semblable au deltaplane en termes de connaissances et de technique, le vol à voile est plus accessible et moins dangereux.

Les distances parcourues en une journée en planeur varient de 1 kilomètre à 3000 kilomètres, le record du monde. La finesse d'un planeur est la distance horizontale parcourue par rapport à l'altitude perdue.
Certains planeurs de compétition peuvent voler 60 mètres avant de perdre un mètre d'altitude.
Les engins d'aujourd'hui sont l'héritage des frères Wright et datent d'il y a plus d'un siècle.

Zweefvliegen is wat kennis en techniek betreft vergelijkbaar met deltavliegen, maar is toegankelijker voor iedereen en veiliger.

De afstand die je op één dag in een zweefvliegtuig kan afleggen varieert van 1 kilometer tot het wereldrecord van 3000 kilometer.

De finesse ligt in de verhouding tussen afgelegde afstand en hoogteverlies. Sommige competitieve zwevers kunnen 60 meter glijden alvorens één meter te dalen.
De hedendaagse toestellen zijn de erfenis van de gebroeders Wright; de uitvinders van het eerste vliegtuig, zo'n 100 jaar geleden.

“Although powered aircraft may express the language of flight, gliding is its eloquence.”

- Richard Miller

“Si les avions motorisé expriment le langage du vol, le planeur est l’éloquence.”

- Richard Miller

“Een gemotoriseerd vliegtuig staat dan misschien voor de taal van het vliegen. Zweven symboliseert dan zeker de poëzie.”

- Richard Miller

Hanggliding

The ultimate flying experience.

The hang glider or delta looks like a big kite. You lie prone, floating on your stomach, with the triangular canvas above you sustained by the air. This is the closest man comes to the sensation of a bird. High in the skies I became one with the surroundings, able to smell and feel the change of air.

'Wherever the wind blows will be my home.'

Le vol suprême.

Le deltaplane ressemble à un grand cerf-volant. On est couché, les toiles triangulaires tendues dans l'air au-dessus de soi, le ventre au vent. Pour un homme, c'est la sensation qui se rapproche le plus de l'oiseau. Là-haut dans le ciel, je ne fais plus qu'un avec ce qui m'entoure, je suis capable de sentir le changement de l'air.

" J'irai où le vent me porte. "

De ultieme vliegervaring.

De delta lijkt op een grote vlieger. Men zweeft met boven zich het driehoekige canvas dat door de lucht wordt ondersteund. Zich nog meer vogel voelen is ondenkbaar. Hoog in de lucht, werd ik één met de omgeving. Ik voelde de variaties in geur en temperatuur, werd één met de stijgende en dalende golven.

"Ik ben daar waar de wind me brengt."

▲ *THERE ARE TWO WAYS TO TAKE OFF – FROM A CLIFF OR PULLED TO ALTITUDE BY A LIGHT MOTORIZED HANG-GLIDER.*

ON PEUT DÉCOLLER DE DEUX FAÇONS DIFFÉRENTES : D'UNE FALAISE OU TIRÉ PAR UN DELTAPLANE À MOTEUR LÉGER.

ER ZIJN TWEE MANIEREN OM DE VLUCHT TE STARTEN: VAN EEN KLIF AFLOPEN OF OP HOOGTE WORDEN GETROKKEN DOOR EEN LICHT GEMOTORISEERDE DELTA.

▲ *IT IS A VERY DANGEROUS SPORT BECAUSE OF THE CONSTANT CHANGES IN WEATHER CONDITIONS AND LANDING AREAS AS ONE WANDERS AWAY FROM THE POINT OF DEPARTURE.*

C'EST UN SPORT TRÈS DANGEREUX EN RAISON DES CHANGEMENTS CONSTANTS DE CONDITIONS ATMOSPHÉRIQUES ET DES ZONES D'ATTERRISSAGE, CAR ON PLÂNE AU HASARD, LOIN DU POINT DE DÉPART.

HET IS EEN ERG GEVAARLIJKE SPORT WEGENS DE CONSTANTE VERANDERINGEN VAN WEERSOMSTANDIGHEDEN EN LANDINGSGEBIEDEN.

I'm overwhelmed by the strength of my body and the power of my mind. For one moment, just one second, I feel immortal.

Je suis sublimé par la force de mon corps et la puissance de mon esprit. Pendant un instant, juste une seconde, je me sens immortel.

Ik voel me overweldigd door de kracht van mijn lichaam en de energie van mijn geest. Voor even, niet meer dan één seconde, voelde ik me onsterfelijk.

◄ *You can soar close to the mountains and use updrafts to stay aloft or ride the hot-air thermals on the great plains.*

On peut faire du deltaplane près des montagnes et utiliser les courants ascendants pour rester très haut ou voler dans les thermiques des grandes plaines.

Je kan vlak langs de bergen zweven en opwaartse luchtstromingen gebruiken om hoog te blijven of hete luchtthermieken berijden op de grote vlaktes.

With the wing attached to his back, the delta flyer is like a soaring eagle. Once free of the tow-line, he can ride the rising thermals for hours on end.

Morning glory. Like the great 'cloud wave' in Australia (which occurs only a few days each year when easterly and westerly winds meet at high altitudes) we believed we could fly forever.

One of the most difficult and daring aerobatic moves in hanggliding, is the 'looping'.
To get a big kite to go over its axes you have to dive by pulling the handlebar to your chest, gathering great speed. When you feel the glider starting to tremble, you release the tension and the delta will shoot up. Then comes the most dangerous part... at the top of the climb when there is hardly any momentum left, you have to use every ounce of strength to push it over.

Les ailes attachées au dos, le deltaplaneur vole tel un aigle. Une fois libéré du câble de remorquage, il peut survoler les thermiques ascendants pendant des heures.

Gloire du matin. Comme la grande " vague de nuages " australienne (qui se produit seulement quelques jours par an lorsque les vents d'est et d'ouest se rencontrent à haute altitude), nous croyions pouvoir voler à l'infini.

Une des figures acrobatiques les plus difficiles et audacieuses en deltaplane est le LOOPING.
Pour que le deltaplane passe au-dessus de ses axes, il faut plonger en tirant sur le manche vers soi et en prenant de la vitesse. Dès qu'il commence à vibrer, il faut relâcher la tension et l'engin fuse. C'est à ce moment-là que vient la partie la plus risquée.... au sommet de la montée, lorsqu'il ne reste quasiment plus d'impulsion, il faut pousser le deltaplane de toutes ses forces au-dessus de soi.

Hangend onder onze vleugels zijn we als zwevende adelaars.
Zodra ik het touw gevierd had, hield alleen de warme thermiek mij in de lucht. Soms meer dan 6 uren.

Ochtendglorie. Net zoals die immense "Wolkengolf" in Australië (die maar een paar dagen per jaar verschijnt wanneer oostelijke en westelijke winden mekaar op grote hoogtes ontmoeten), geloofden we voor altijd te kunnen vliegen.

De "looping" is één van de moeilijkste en meest gedurfde bewegingen in het acrobatisch deltavliegen.
Om een vlieger over zijn as te krijgen, moet je duiken door de stang naar je borst te trekken en snelheid te maken.
Zodra je de delta voelt trillen, laat je de spanning los en vliegt hij omhoog. Dan volgt het meest gevaarlijke moment...
Op de top van het klimmen moet je de vlieger met alle kracht over je lichaam heen duwen.

Looping, with only the centrifugal force to support my weight: this is one of the scariest moments in hanggliding.

Loopings, rien d'autre que la force centrifuge pour supporter mon poids. C'est l'un des moments les plus effrayants que j'ai connus en deltaplane.

Loopings, met alleen maar de middelpuntvliegende kracht om mijn gewicht te ondersteunen, zijn van de meest beangstigende momenten in het deltavliegen.

earth

"There are certain places on earth that feel like heaven."

- LEWIS THOMAS

"Il y a peut-être des lieux ou l'on se trouve soudain comme dans le ciel."

- LEWIS THOMAS

"Er zijn misschien plaatsen op aarde waar men zich plotseling in de hemel waant."

- LEWIS THOMAS

Alpine climbing

ANNAPURNA, 8091M (1997)

"Do you think it's all worth it?" asked Louis Lachenal to Maurice Herzog. They were the first men to reach the summit on June 3rd 1950. During their expedition both lost toes and fingers due to frost-bite.

*Many climbers approach the ascent of the Himalayas with a 'live or die' attitude.
Some make it out alive, some die and some die trying.*

"Pense-tu que tout cela vaille la peine?" demanda Louis Lachenal à Maurice Herzog. Ce sont les premiers à être arrivés au sommet le 3 juin 1950. Pendant l'expédition, ils ont tous les deux perdu des orteils et des doigts suite à des engelures.

*De nombreux alpinistes abordent l'ascension des Himalayas en adoptant l'attitude «vivre ou mourir».
Certains y arrivent vivants, certains meurent et d'autres meurent pendant l'action.*

"Denk je dat dit het allemaal waard is?" vroeg Louis Lachenal aan Maurice Herzog. Zij waren de eersten die de top bereikten op 3 juni 1950. Tijdens hun expeditie verloren ze beiden tenen en vingers door bevriezing.

*Veel klimmers benaderen de Himalayas met de houding van: 'live or die'.
Sommigen slagen, sommigen sterven en anderen sterven tijdens hun opzet.*

◄ *On my way to base camp (5800 metres) on Annapurna in the Himalaya with my friend and Sherpa guide Tanjin.*

Pendant mon ascension jusqu'au camp de base (à 5800 mètres) de l'Annapurna (Himalaya), avec mon ami et " Sherpa " Tanjin.

Samen met mijn vriend en sherpa Tanjin onderweg naar het basiskamp (5800 meter) op de Annapurna (Himalaya).

During my expedition up Annapurna, I learned that however close you think you are to your team during a climb, everyone looks after himself. It's survival, and if you can't follow that's your problem.

Because of the lack of oxygen – from the word 'go' you are already on your reserve – you only have enough power to help yourself along, let alone anyone else.
For that reason, mountain rescues are always very heroic because you put yourself in danger even before you find the missing person.

As soon as you pass a certain altitude (i.e. 7000 metres) you are in the dead man's zone. You are already dying; that's why you have to be in and out as quickly as you can. All ascents today are very fast – straight to the top and back down in a day. Unless something is wrong, you rarely spend the night at the top.

Pendant mon ascension de l'Annapurna, j'ai très vite compris qu'aussi fort que soient les liens qui unissent une équipe, c'est chacun pour soi. C'est une question de survie et si vous ne pouvez pas suivre, c'est votre problème.

À cause du manque d'oxygène, dès le départ on puise dans ses réserves, on a tout juste assez d'énergie pour avancer, on ne peut pas se préoccuper des autres. C'est pour cette raison que les sauveteurs en montagne sont de vrais héros, ils se mettent en danger avant même de trouver les disparus.

Dès que l'on dépasse une certaine altitude (7000 mètres), on se retrouve dans la zone de la mort. On est déjà en train de mourir et il faut donc en sortir le plus vite possible. Aujourd'hui, toutes les ascensions sont très rapides, on essaye de monter au sommet et de rebrousser chemin en à peine quelques heures. Sauf en cas de problèmes, il est rare de passer la nuit au sommet.

Tijdens mijn expeditie naar de top van de Annapurna, had ik erg snel door dat het ieder voor zich was, ook al maakte je deel uit van een hecht team. Het is een kwestie van overleven, als je niet kan volgen dan is dat jouw probleem.

Door zuurstofgebrek – van meet af aan zit je al op je reserve - heb je maar net genoeg kracht om jezelf te redden, laat staan iemand anders. Daarom worden reddingsoperaties in de bergen altijd beschouwd als heldendaden: je brengt jezelf in gevaar alvorens de persoon in nood te vinden.

Zodra je een bepaalde hoogte overstijgt, (d.w.z. 7000 meter) begint je lichaam stilaan af te sterven. Om die reden gebeuren alle beklimmingen vandaag zo snel mogelijk. Tenzij er iets misloopt, breng je raar of zelden de nacht door op de top.

During the climb, I thought I would have divine inspiration. I didn't. All I was saying to myself was: 'What the hell am I doing here?'
At no moment can I recall really feeling pleasure. Because of the lack of oxygen I had headaches and stomach pains. Everything was in slow motion; I couldn't sleep because I felt I was suffocating. I couldn't get warm, even with all the layers of clothing. The temperatures went down to minus 45°C!
It was a real ordeal.

When you hear the stories they seem larger than life, but when you are actually up there you have tunnel vision. I was just looking at getting from point A to point B without dying.

Lorsque j'ai débuté l'ascension je pensais que j'allais avoir une inspiration divine ou une illumination, mais je n'ai ressenti que de la douleur. La seule chose que je me disais c'était: "Mais qu'est-ce que je suis venu faire ici ? ". Je ne me rappelle pas avoir ressenti un quelconque plaisir. À cause du manque d'oxygène j'avais des maux de tête, des douleurs au ventre et j'avais froid. Tout est ralenti et on ne peut pas dormir car on l'impression d'étouffer.
C'est un supplice.

Lorsqu'on les écoute, ces histoires semblent plus fortes que la vie elle-même, mais quand on est là haut, on n'a qu'une vision télescopique de ce qui nous entoure. Je me contentais d'essayer d'aller du point A au point B sans mourir.

Toen ik aan mijn tocht begon dacht ik dat ik een goddelijke inspiratie of een ingeving zou krijgen, maar het enige wat ik voelde was koude en pijn. Ik dacht bij mezelf: "Wat doe ik hier in godsnaam ?" Ik kan me niet herinneren ook maar één moment echt te hebben genoten. Door het zuurstofgebrek had ik voortdurend hoofdpijn, maagklachten en verging ik van de kou. Alles speelde zich af in slowmotion, je kon niet slapen omdat je het gevoel had te stikken.
Het was een ware beproeving.

Als je de verhalen hoort, lijken zij de realiteit te overtreffen, maar eens daarboven beleef je een tunnelvisie met als enige doel van punt A naar punt B te geraken zonder te sterven.

"It's the way, not the goal.
It's the journey, not the destination."

"L'important c'est la manière, pas le résultat.
C'est le voyage, pas la destination."

"Het is de richting, niet het doel.
Het is de reis, niet de bestemming."

▲ *There are 14 summits of 8000 metres or higher in the world. Our base camp was at 5800 metres, higher than the highest peak in Europe (Mont Blanc, 4800 metres).*

Il y a 14 sommets de 8000 mètres ou plus dans le monde. Notre camp de base se trouvait à 5800 mètres d'altitude, plus haut que le sommet le plus haut d'Europe (Mont-Blanc, 4800 mètres).

Er zijn in totaal 14 bergtoppen van 8000 meter of meer. Ons basiskamp was op 5800 meter, hoger dan de hoogste bergtop in Europa (Mont Blanc : 4800 meter).

▲ Camp III at night in the middle of nowhere.

Le camp III en pleine nuit, au milieu de nulle part.

Kamp III, 's nachts, aan het uiteinde van de wereld.

Immortality is a goal men still seek.

L'immortalité est un but que les hommes poursuivent encore.

Mensen streven steeds naar onsterfelijkheid.

For 6 weeks I could not wash or change my clothes. I had lost 8 kilos of muscles as the body moved into survival mode.
I couldn't even appreciate the immensity of the feat. You are so close to earth, you actually see no more than a few footsteps ahead.

Every discipline has its rhythm and techniques, and so too does climbing.

During the trials and training sessions my physical condition was one of the best of all the boys, but up there I was always at the back of the pack.

We spent 10 days at an Air Force Base in Belgium, sleeping and living in an oxygen chamber in order to get acclimatised prior to leaving for Nepal.

Pendant six semaines, je n'ai pu ni me laver ni changer de vêtements. Mon corps s'était mis en mode de survie et j'ai perdu huit kilos de muscle.

On n'apprécie même pas l'immensité de l'exploit. On est si proche de la terre que c'est à peine si l'on voit à quelques pas devant soi.

Chaque discipline a son rythme et ses techniques, il en est de même pour l'alpinisme. Pendant les randonnées et les entraînements, j'étais parmi ceux qui avaient la meilleure condition physique, mais une fois là-haut j'étais toujours parmi les derniers.

Nous avons passé dix jours sur une base aérienne en Belgique, à dormir et à vivre dans une chambre à oxygène afin de nous acclimatiser avant le départ pour le Népal.

Zes weken lang kon ik mij wassen noch omkleden. Ik was 8 kilo spieren kwijt aangezien mijn lichaam overging in de modus 'overleven'.

Je waardeert zelfs niet de grootsheid van de prestatie. Je bent zo dicht bij de aarde dat je eigenlijk enkel maar de voetstappen voor je ziet.

Elke discipline heeft zijn ritme en techniek en bergbeklimmen is daar geen uitzondering op.

Tijdens de trainingen was ik één van de conditioneel best voorbereide mannen, maar eenmaal daar boven, was ik altijd bij de laatsten.

We brachten 10 dagen op een luchtmachtbasis in België door, sliepen en leefden in een zuurstofkamer om geacclimatiseerd te geraken vooraleer naar Nepal te vertrekken.

Breakfast in Nepal. ►

Petit-déjeuner au Népal.

Ontbijt in Nepal

ANNAPURNA
8091m
Belgian Himalaya Expedition
96

◄ *It snowed almost every day so we had to put up poles with red flags to retrace our steps up and down. If we were able to climb 250 metres in a day we were very happy; that's how tough it was.*

Il neigeait presque tous les jours, nous devions mettre des piquets avec des drapeaux rouges pour tracer notre chemin en montant et en descendant. Si nous parvenions à grimper 250 mètres par jour, nous nous estimions heureux tellement c'était difficile.

Het sneeuwde bijna elke dag. We moesten peilstokken (met rode vlaggen) in de grond steken om onze weg terug te vinden. Als we op één dag 250 meter konden klimmen, waren we heel blij.

Camp III, 6750 metres

During the night; my friend Professor Nayé, the two sherpas and myself heard a rumbling noise as if a train was shooting past our tent.
It probably lasted one or two minutes at most, but it seemed forever.
No one said a word, but we all knew it was an avalanche.
When we got up the next day at the crack of dawn, we had to dig our way out of the tent, it was completely covered with snow. That night more than two metres had fallen and it was still coming down... We had no choice but to turn back.
On our way down, we passed camp II and learned how lucky we had been: nothing remained of it. The avalanche had swept everything away.

Camp III, 6750 mètres

Durant la nuit, le professeur Nayé, les deux Sherpa et moi-même avons entendu un grondement, comme si un train était passé à toute vitesse près de notre tente. Cela n'a probablement duré qu'une ou deux minutes, mais on aurait dit une éternité.
Personne n'a pipé mot même si nous savions tous qu'il s'agissait d'une avalanche.
Lorsque nous nous sommes levés à l'aube, nous avons dû creuser pour sortir de la tente qui était ensevelie sous la neige. Cette nuit-là, plus de deux mètres étaient tombés et ça continuait...
Nous n'avions pas le choix, il fallait faire marche arrière.
Sur notre chemin du retour, nous sommes passés au camp II. Nous avions eu de la chance car il n'en restait rien. L'avalanche avait tout balayé.

Kamp III, 6750 meter

's Nachts hoorden professor Nayé, de sherpa's en ik plots een donderend geluid, alsof er een trein onze tent passeerde. Waarschijnlijk duurde het amper één tot twee minuten, maar naar ons gevoel was het een eeuwigheid.
Niemand sprak, maar we wisten allemaal dat dit een lawine was.
Wanneer we bij dageraad opstonden, moesten we ons een weg uit de tent graven. We waren volledig door verse sneeuw omsloten. Die nacht was er immers meer dan twee meter gevallen en het hield maar niet op...
We hadden geen enkele andere keuze dan terug te keren.
Op weg naar beneden passeerden we Kamp II en beseften we dat we enorm veel geluk gehad hadden. De lawine had het hele kamp weggevaagd!

Tennis

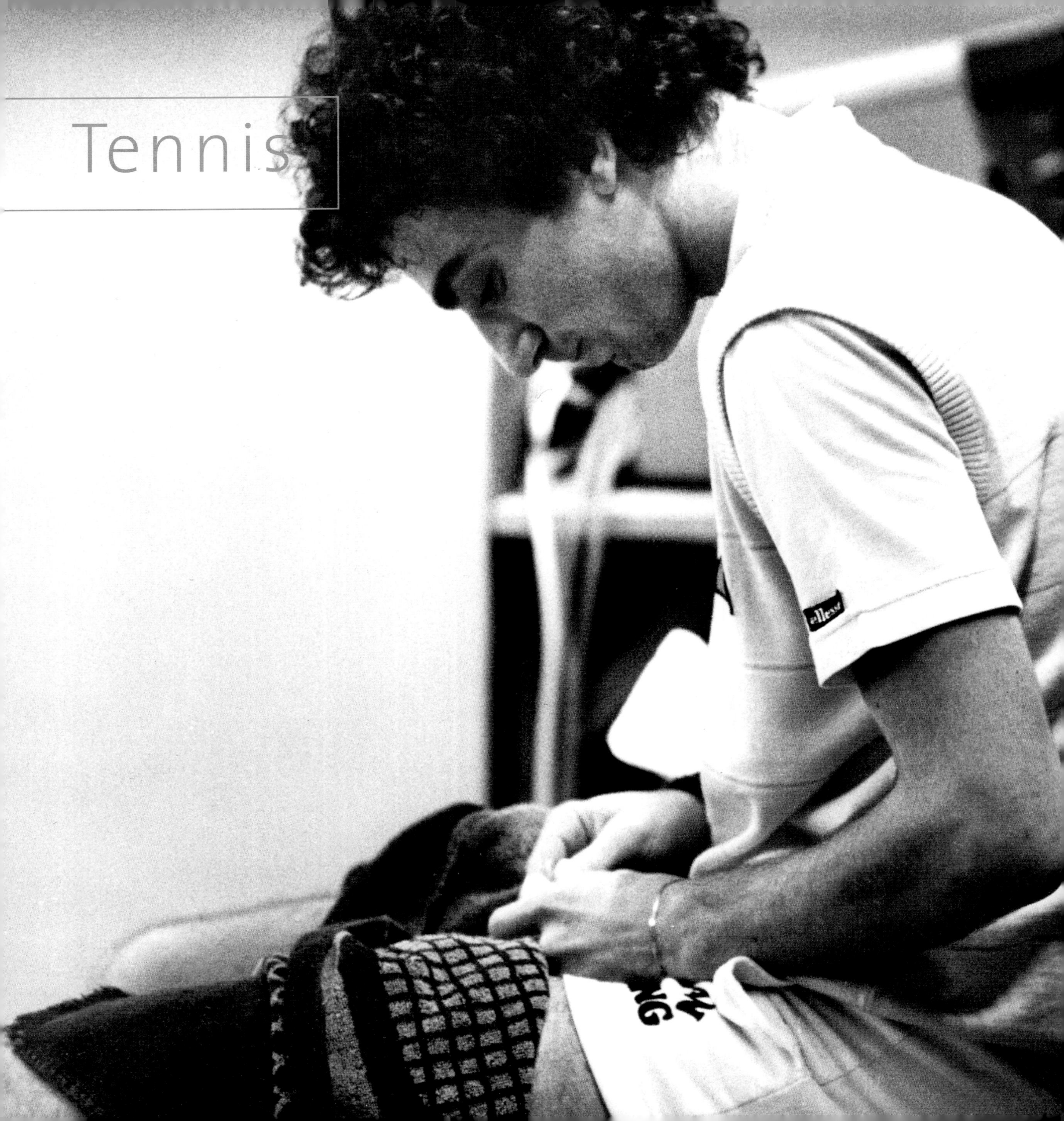

In 1983 I had the opportunity to play for the Belgian national tennis team. During those early days I learned how to meditate and focus on my objective.

It was a great school for both technique and physical condition. More important, through tennis I realized the way to be followed was the one of the 'inner path'.

I started playing at the age of 12 and ended my career when I turned 23. The last four years I was training six hours per day.

En 1983, j'ai eu la chance de jouer dans l'équipe nationale de tennis belge. Dès le début, j'ai appris à méditer et à me concentrer sur mes objectifs.

C'était une bonne école à la fois sur le plan technique et physique. Plus important encore, j'ai réalisé que la direction à suivre était celle du 'chemin mental'.

J'ai commencé à jouer à 12 ans et j'ai arrêté ma carrière à 23 ans. Les quatre dernières années, je m'entraînais six heures par jour.

In 1983 kreeg ik de kans om voor het Belgische nationale tennisteam te spelen. Tijdens deze beginperiode leerde ik mediteren en te focussen op mijn doelstellingen.

Het was een belangrijke leerschool voor zowel techniek als fysieke conditie. Bovendien besefte ik dat alles draaide om een innerlijke strijd met jezelf.

Ik begon te spelen op mijn twaalfde en stopte toen ik 23 werd. De laatste vier jaar trainde ik zes uur per dag.

◄ *A backhand passing shot during my university days.*

Un passing de revers pendant mes années de fac.

Een backhand passeerslag tijdens mijn universiteitsdagen.

Tennis is a sport that requires a high level of technical competence. My first coach Marc Neighbour instructed me on the basics. At seventeen I was recruited by the Nick Bolletieri tennis academy in Florida and later gained a scholarship at the Southern Illinois University. My final years playing professional tennis were spent with my mentor Eric Etienne.

All these opportunities were given me by my father. Back in the fifties he was Belgian 200-metre hurdles champion.

Le tennis est un sport qui demande un haut niveau technique. Mon premier entraîneur, Marc Neighbour, m'a inculqué les bases, puis je suis allé en Floride rejoindre l'académie de Nick Bolitieri et finalement, après avoir joué dans une université américaine, Eric Etienne m'a entraîné pendant les dernières années de ma carrière professionnelle.

Toutes ces chances m'ont été données par mon père, champion belge (dans les années cinquante) du 200 mètres haies.

Tennis is een sport dat een hoog niveau van techniek vereist. Mijn eerste coach Marc Neighbour leerde mij de basis. Op mijn zeventiende werd ik gerecruteerd door Nick Bollitieri die mij in zijn Tennis Academy in Florida trainde. Na een tennisbeurs te hebben gekregen op de universiteit van Southern Illinois speelde ik mijn laatste professionele jaren onder hoede van mijn trainer Eric Etienne.

Al deze mogelijkheden werden mij door mijn vader geboden. Hijzelf was in de jaren '50 Belgisch kampioen hordelopen.

▲ On court with Nick Bolletieri at his academy in Florida.

Sur le court avec Nick Bollitieri, dans son académie en Floride.

Op het terrein met Nick Bollitieri op zijn befaamde academie in Florida.

◄ As a junior I had the honour of playing against Bjorn Borg. After the game his trainer Bergelin took some extra time for me.

Alors que j'étais junior, j'ai eu l'honneur de jouer contre Bjorn Borg. À la fin du match, Bergelin, son entraîneur a trouvé le temps de me donner des conseils.

Als junior had ik de eer om tegen Björn Borg te mogen spelen. Na de wedstrijd trok zijn trainer Bergelin extra tijd uit voor mij.

Running backhand down the line! Unconventional at that time; this technique (taking the shot on the opposite leg) was developed and perfected by the great Argentine gravel specialists Guillermo Vilas and José Luis Clerc. ►

Revers le long de la ligne ! Coup inhabituel à cette époque, cette technique (frapper son coup en se tenant sur la jambe opposée) a été développée et perfectionnée par les grands spécialistes argentins de la terre battue, Guillermo Vilas et José Luis Clerc.

Een backhand langs de lijn! Een niet gebruikelijke techniek uit die tijd (de bal slaan op het 'verkeerde' been). Deze werd ontwikkeld door de grote gravel specialisten uit Argentinië: Guillermo Villas en José Luis Clerc.

There is an interesting anecdote about a journalist asking the great Rod Laver a question after he had hit a passing shot that touched the line and saved a breakpoint, the game and finally the match. 'You were very lucky Mr. Laver, that point could have cost you the tournament,' said the reporter.
Laver answered: 'It's funny, but the more I practice, the luckier I get... !'

Laver went on to win that competition (Wimbledon) and was the first man to achieve the grand slam (winning Roland Garros, Wimbledon, the US Open and the Australia Open in one year).
The moral of this story is if you want to get to the top, you have to work at it very hard!

Voici une anecdote intéressante d'un journaliste qui pose la question suivante au grand Rod Laver après que ce dernier eut frappé un passing shot sur la ligne pour sauver une balle de break, puis le jeu, puis le match: "Vous avez eu beaucoup de chance Mr Laver, ce point aurait pu vous coûter le tournoi." dit-il. Laver répondit: "C'est bizarre, plus je m'entraîne, plus je devient chanceux...!"

Laver remporta la compétition (Wimbledon) et fut le premier joueur à réussir le grand chelem (gagner coup sur coup en une année Roland Garros, Wimbledon, l'US Open et l'Open d'Australie).

Morale de l'histoire : si vous voulez arriver au top, il faut travailler d'arrache-pied!

Een interessante anekdote van een journalist in een interview met de grote Rod Leaver. Rod had een backhand geslagen die de lijn had geraakt. Dit had hem gered van een breekpunt en hem het spel en tenslotte ook de match zelf opgeleverd.
"U had erg veel geluk," had de reporter opgemerkt. "Dat punt had u uw tornooi kunnen kosten."
Laver antwoordde: "Ja, natuurlijk. Het is vreemd, hoe meer ik train, hoe meer geluk ik heb..."

Laver won uiteindelijk het hele tornooi (Wimbledon) en was de eerste man die erin slaagde om een Grand Slam te winnen (in één jaar Roland Garros, Wimbledon, U.S. Open en de Australian Open).

Moraal van het verhaal: als je de top wil bereiken, moet je gewoon keihard werken!

“If you can meet with triumph and disaster and treat those two impostors just the same...”

– This line from Rudyard Kipling’s poem “If” is above the players’ entrance to centre court at Wimbledon.

“Si tu sais rencontrer Triomphe ou bien Désastre, Et traiter ces trompeurs de la même façon...”

– Tous les joueurs qui entrent sur le court central de Wimbledon lisent cette citation du poème “If” de Rudyard Kipling.

“Als je zowel Triomf als Nederlaag kan aanvaarden als twee bedriegers...”

– Dit citaat uit het gedicht “If” van Rudyard Kipling wordt door elke speler gelezen, wanneer hij het Wimbledon Centre Court betreedt.

Fencing

WORLD CHAMPIONSHIP, LISBON (2002)

This discipline put everything back into perspective for me. Unlike other sports, there is no total dominance by one champion or country.

Even the great fencers lose as well as win at each competition. Humility, sportsmanship and honour are the key elements of fencing.
The sport taught me how to remain dignified in defeat as well as in victory.

Cette discipline m'a permis de réapprendre à relativiser. Contrairement aux autres sports, il n'est pas dominé par un champion ou un pays.

Même les grands escrimeurs gagnent, mais ils perdent aussi, à chaque compétition. L'humilité, la sportivité et l'honneur sont les clés de l'escrime. Ce sport m'a appris à rester digne dans la défaite et dans la victoire.

Deze discipline bracht alles voor mij terug in het juiste perspectief. In tegenstelling tot andere sporten, is er geen totale overheersing door één kampioen of land.

Zelfs de grote schermers winnen en verliezen in elke competitie. Nederigheid, sportiviteit en eer zijn de belangrijkste elementen van het schermen. De sport leerde me waardig te blijven zowel bij een nederlaag als bij een overwinning.

There are three categories of modern fencing – epée, florette and sabel. They all evolved from classic sword-fighting and later from duelling.

After finishing 10th with the Belgian National Team at the 2002 European Championships in Moscow and 8th at the World Championships in Lisbon, I decided to stop and concentrate on coaching my sparring partner Yoeri Van Laecke (photo), currently no. 4 in the world and a candidate for the Olympic Games.

Il existe trois catégories d'escrime moderne : l'épée, le fleuret et le sabre. Elles correspondent toutes à des évolutions du combat à l'épée classique, puis du duel.

Après avoir terminé 10ème avec l'équipe nationale belge aux championnats d'Europe en 2002 à Moscou et 8ème aux championnats du monde à Lisbonne, j'ai décidé d'arrêter et de me consacrer à l'entraînement de mon jeune partenaire Yoeri Van Laecke (photo), actuellement n° 4 mondial et candidat pour les Jeux Olympiques.

Er zijn drie categorieën van het moderne schermen: degen, floret en sabel. Zij zijn allemaal voortgekomen uit het klassieke zwaardvechten en later uit het duelleren.

Na met de Belgische Nationale ploeg 10de te zijn geëindigd op het 2002 Europese Kampioenschap in Moskou en 8ste op het wereldkampioenschap in Lissabon, besloot ik te stoppen met competitie en me toe te leggen op het coachen van mijn oefenpartner (op de foto) Yoeri Van Laecke, momenteel nr. 4 in de wereld en kandidaat voor de Olympische Spelen.

A training session with the National Team, 'Strength and Honour'.

Une séance d'entraînement avec l'équipe nationale, "Force et Honneur".

Een training met de nationale ploeg, "Kracht en Eer".

VAN LAECKE
BEL

The 2002 Belgian team.
Standing: Marc Sluszny and Diego Soudan.
Sitting: Yoeri van Laecke and Jacques Lombard.

L'équipe Belge 2002.
Debout : Marc Sluszny et Diego Soudan.
Assis : Youri van Laecke et Jacques Lombard.

Het Belgische Team van 2002
Staand: Marc Sluszny en Diego Soudan
Zittend: Youri Van Laecke en Jacques Lombard

Very much like tennis, fencing requires great physical strength, much technical ability and an intense mental attitude.

The national coach and my maestro Marcel Van Laecke stood by us throughout a spectacular year.
We rose to the occasion and did what Belgium had not achieved before: going all the way to the final eight at the 2002 World Championships.

Très proche du tennis, l'escrime requiert une force physique considérable, beaucoup de technique et un mental très intense.

Mon 'maître' et l'entraîneur nationale Marcel Van Laecke est resté auprès de nous pendant une année spectaculaire.
Nous nous sommes montrés à la hauteur de la situation en accomplissant ce que la Belgique n'avait pas encore réussi à l'épée: nous hisser parmi les huit meilleurs aux championnats du monde.

Vergelijkbaar met tennis, vergt het schermen een enorme fysieke kracht, een goede techniek en uiterste concentratie.

De nationale coach en tevens mijn "maître" Marcel Van Laecke steunde ons gedurende een heel spectaculair jaar.
We grepen onze kans en deden wat België nog nooit had gedaan in de discipline 'degen': tot bij de laatste acht in het Wereldkampioenschap geraken.

73

BEL

4
allstar

water

"The lotus stem is as long as the depth of the water, So men's height is just as great as their inner strength."

- TIRUVALLUVAR

"La racine du lotus est aussi longue que l'eau est profonde. L'homme est aussi grand que sa force intérieure."

- TIRUVALLUVAR

"Zoals de wortels van de lotusbloem even lang zijn als het water diep, is de mens zo groot als zijn innerlijke kracht reikt."

- TIRUVALLUVAR

Barefoot waterskiing

My friend Gary Neiman, who was South-African and European champion, introduced me to a then unknown sport – barefoot water-skiing.

The speed we had to obtain was much higher than on skis or scurfs because the surface of our feet is obviously much smaller. Consequently, the fall or hit when you lose balance is that much harder.

It was a very physical discipline, and after 20 minutes all my muscles were burning and tired.

Regarding Gary, it was the beginning of a long friendship...

Mon ami Gary Neiman (champion d'Afrique du Sud et d'Europe) m'a initié à un sport que je ne connaissais pas: le ski nautique pieds nus ou barefoot.

La vitesse que nous devons atteindre en bare-foot est bien supérieure que sur des skis ou un scurf, la surface de nos pieds étant évidemment beaucoup plus petite. Les chutes ou les coups en cas de perte d'équilibre sont donc autrement plus rudes.

C'était une discipline très physique.
Au bout de 20 minutes, tous mes muscles brûlaient, j'étais épuisé.

Quant à Gary, ce fut le début d'une grande amitié...

Mijn vriend Gary Neiman zowel Zuid-Afrikaans als Europees kampioen, introduceerde mij in een tot dan toe nog onbekende sport: blootsvoets waterskiën.

De snelheid die wij moeten bereiken ligt veel hoger dan op ski's of 'scurfs' omdat de opper-vlakte van onze voeten natuurlijk veel kleiner is. Daarom is de val wanneer je je evenwicht verliest veel harder.

Deze discipline was fysiek zeer hard: na twintig minuten was ik doodop.

De kennismaking met Gary was het begin van een lange vriendschap...

THE WATER HAD TO BE GLASSY CALM TO DO MY TRICK RUNS. ►

L'EAU DEVAIT ÊTRE CALME POUR QUE JE PUISSE RÉALISER MES FIGURES.

HET WATER MOEST VOLLEDIG RIMPELLOOS ZIJN OM MIJN FIGUREN UIT TE KUNNEN VOEREN.

INTENSITY
STRAIGHT LINE

▲ *One foot, back to front, tumbling... It sounds like fun... but after each practice session I came out of the water black and blue from the falls.*

Sur un pied, 180°, ou rotations... Ça a l'air amusant... mais après chaque séance d'entraînement, je sortais de l'eau couvert de bleus à cause des chutes.

Op één voet, van voor naar achter, rotaties... Het klinkt allemaal bijzonder leuk... maar na elke oefensessie kwam ik uit het water met blauwe plekken over mijn hele lichaam.

Cross-channel swimming

DOVER TO CAP GRIS-NEZ (1988)

"When we're in the water, we're not of this world."

– GERTRUDE EDERLE, FIRST WOMAN TO SWIM ACROSS THE ENGLISH CHANNEL

"Lorsqu'on est dans l'eau, on n'est pas de ce monde."

– GERTRUDE EDERLE, PREMIÈRE FEMME À AVOIR TRAVERSÉ LA MANCHE À LA NAGE

"Wanneer we in het water zijn, zijn we niet van deze wereld."

– GERTRUDE EDERLE, DE EERSTE VROUW DIE OOIT HET ENGELS KANAAL OVERZWOM.

Swimming across the English Channel: 36 kilometres from Dover (England) to Cap Gris-Nez (France) was the toughest one-day event I have ever done.

Distance swimming is like running a marathon but with the added difficulty of the resistance of the water and the cold.

La traversée de la Manche à la nage : 36 kilomètres de Douvres (Angleterre) à Cap Gris-Nez (France), est la plus dure épreuve réalisée en une journée que j'aie jamais vécue.

La natation longue distance, c'est un peu comme un marathon mais avec la résistance de l'eau et le froid en plus.

Het Engelse Kanaal overzwemmen: 36 kilometer van Dover (Engeland) tot Cap Gris-Nez (Frankrijk), was mijn zwaarste eendagprestatie ooit.

Langeafstandzwemmen is bijna zoals marathonlopen maar dan moeilijker door de weerstand van het water en de koude.

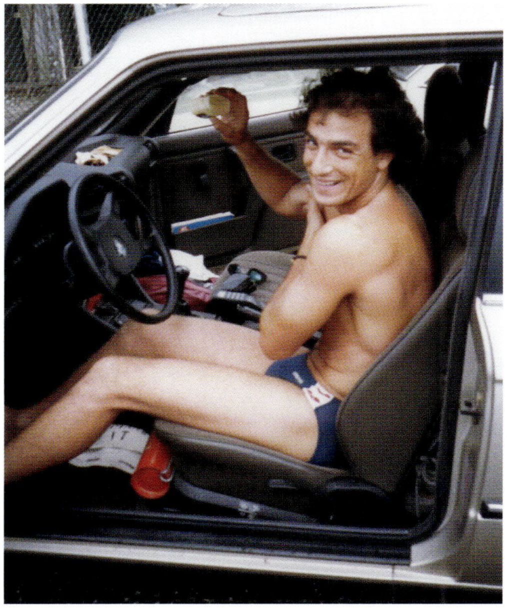

For 10 hours, I was in cold water at about 17 degrees (normal body temperature is 37 degrees). There's a whole art in staying warm and maintaining your stamina at the same time. If I swam too slow I would overcool my body, but too fast would tire me. We figured I needed a pace of 80 strokes per minute in freestyle to remain in the zone.
Your mind has to be very strong. After I swam across, I stood up and did the three steps required by the rules, but then I had to sit down. It took me days to regain my balance, but it took much longer to enjoy swimming again. I couldn't even look at a swimming pool for five years!

Pendant dix heures, je suis resté dans de l'eau froide à 17 degrés (la température normale du corps est de 37 degrés...). C'est tout un art de rester chaud en maintenant le rythme. Il ne faut pas trop ralentir afin d'éviter de se refroidir ni aller trop vite pour ne pas trop se fatiguer. J'ai calculé qu'il fallait que je fasse 80 coups de bras par minute en nage libre.
Il faut avoir un très bon mental. Après la traversée, je me suis levé, j'ai fait les trois pas réglementaires et je me suis effondré.
Il m'a fallu plusieurs jours pour retrouver mon équilibre ; bien plus longtemps pour recommencer à apprécier la natation. J'ai dû attendre cinq ans avant de pouvoir supporter la vue d'une piscine !

Meer dan tien uren lag ik in koud water van ongeveer 17 graden (de normale lichaamstemperatuur is 37 graden!). Het is een hele kunst om warm te blijven en terzelfdertijd je uithoudingsvermogen te handhaven. Als men te traag zwemt, raakt men onderkoeld; maar te snel gaan, zou vermoeidheid veroorzaken.
We hadden berekend dat ik in crawl 80 slagen per minuut moest aanhouden om in de juiste zone te blijven.
Je geest moet erg sterk zijn. Nadat ik het kanaal overzwom, stond ik recht en deed de verplichte drie stappen. Het duurde dagen voor ik mijn evenwicht weer vond, maar nog veel langer vooraleer ik opnieuw van zwemmen kon genieten. Vijf jaar lang kon ik zelfs de aanblik van een zwembad niet verdragen!

24th August 1875 – Captain Matthew Webb dived off the end of Admiralty Pier in Dover to start what became the first successful swim across the Channel between England and France.

24 août 1875 – Le capitaine Matthew Webb plonge du quai Admiralty Pier à Douvres et entame ce qui deviendra la première traversée à la nage réussie entre l'Angleterre et la France.

24 augustus 1875 – Kapitein Mathew Webb dook vanaf het einde van de Admiralty Pier in Dover het water in om aan de eerste succesvolle kanaalovertocht tussen Engeland en Frankrijk te beginnen.

Off shore sailing

SYDNEY - HOBART (2003)

The Sydney-Hobart Yacht Race was created in 1945 by Captain John Illingworth from the USA and it was not long before it developed into an international yachting classic, attracting competitors from around the world.

It separates Tasmania from the mainland and sailors from men. For crews strong enough to compete, it's the opportunity to prove they belong to the unique group of the most experienced sailors in the world.

La course à la voile Sydney-Hobart a été créée en 1945 par le capitaine américain John Illingworth. Peu de temps après elle est devenue un grand classique au niveau international et attire des concurrents du monde entier.

Elle sépart la Tasmanie du continent et les marins des hommes. Pour les équipages à la hauteur de la compétition, c'est l'occasion de prouver qu'ils appartiennent au groupe unique des marins les plus expérimentés du monde.

De Sydney-Hobart Yacht Race werd in 1945 gesticht door kapitein John Illingworth van de V.S. Het duurde niet lang voor het een internationale klassieker werd, die deelnemers aantrok van over heel de wereld.

Tasmanië scheidt zich van het continent zoals zeelui van mannen. Voor teams die de uitdaging aandurven is dit de uitgelezen kans om te bewijzen dat zij behoren tot de beste zeilers ter wereld.

◄ *Just after the start, sailing out of the Sydney harbour. Getting ready for a long, wet and windy race.*

Juste après le départ, sortant du port de Sydney. Nous nous apprêtons à vivre une course longue, mouillée et venteuse.

Vlak na de start, buiten de haven van Sydney. Ons voorbereidend op een lange, natte en winderige wedstrijd.

◄ *THE DRIVE AND PERSEVERANCE NEEDED TO FINISH MAKES IT THE ULTIMATE RITE OF PASSAGE.*

LE COURAGE ET LA PERSÉVÉRANCE REQUIS POUR ARRIVER AU BOUT DE LA COURSE EN FONT LE RITE DU PASSAGE SUPRÊME.

DE MOED EN DE VOLHARDING DIE NODIG ZIJN OM DE TOCHT AAN TE KUNNEN, MAKEN DIT TOT DE ULTIEME OVERGANGSRITE.

"Man cannot discover new oceans unless he has the courage to lose sight of the shore."
- André Gide

"L'homme ne peut découvrir de nouveaux océans à moins d'avoir le courage de perdre de vue le rivage."
- André Gide

"De mens kan onmogelijk nieuwe oceanen verkennen als hij niet de moed heeft om de kust uit het oog te verliezen."
- André Gide

6572
6572
YH
72

The Sydney-Hobart Yacht Race, which covers 628 nautical miles (1163 km), starts in Sydney Harbour, with the yachts tacking out through the Heads (the turning mark) and then heading south along Australia's east coast. The finish is at Constitution Dock, off the capital Hobart's historic Battery Point in the Derwent River, in the southeast of Tasmania.
By tradition, this annual event starts on Boxing Day, 26th December. The course is considered the world's most gruelling ocean race.

1998: A black year for Sydney

Six yachtsmen died and seven yachts were abandoned by their crews when a severe storm hit the 115-boat fleet in Bass Strait on 27th & 28th December. Of the seven yachts, five subsequently sank. In the end only 44 boats finished.

La course à la voile Sydney-Hobart, longue de 628 milles nautiques (1163 km), part du port de Sydney en direction des Heads (la marque de virage), puis continue vers le sud le long de la côte Est australienne. L'arrivée se déroule dans la rivière Derwent au Constitution Dock, au sud-est de la Tasmanie, plus précisément à Battery Point, le plus ancien quartier de Hobart.
Cet événement annuel commence traditionnellement le lendemain de Noël.
Cette course est considérée comme la course en haute-mer la plus difficile au monde.

1998: Une année noire pour Sydney

Six marins périrent et sept bateaux furent abandonnés par leur équipage lorsque 115 embarcations essuyèrent une violente tempête à Bass Strait les 27 et 28 décembre. Cinq des sept bateaux abandonnés ont sombré, 44 seulement sont venus à bout de cette course.

De race van 628 zeemijlen (1163 km) begint in de haven van Sydney, waar de boten door de 'Heads' (keerpunt) laveren en dan zuidwaarts gaan in de richting van de oostkust van Australië. De finish vindt plaats in de Derwent rivier, in het zuidoosten vanTasmanië aan het 'Consitution dock', dichtbij het historische 'Battery Point' van de hoofdstad Hobart.
Het jaarlijkse evenement begint traditioneel op tweede kerstdag, 26 december.
De wedstrijd wordt beschouwd als één van s'werelds felste overtochten.

1998: Een zwart jaar voor de Sydney

Zes zeilers stierven en zeven jachten werden verlaten door hun bemanning toen een zware storm de 115 boten van de vloot trof in 'Bass Strait' in de nacht van 27 op 28 december. Van de zeven jachten zonken er vijf. Uiteindelijk legden slechts 44 boten de volledige afstand af.

◄ *Our boat 'Ice Fire', a 45-foot racer (Mummery) with Hans Butter and Philippe Péché as skippers.*

Notre bateau " Ice Fire ", un racer de 45 pieds (Mummery), avec Hans Butter et Philippe Péché comme skippers.

Onze boot "Ice Fire", een wedstrijdjacht met een lengte van 45 voet (Mummery) met als skippers Hans Butter en Philippe Péché.

HY 6572

▲ *One of the most extreme sailboat races in the world. Winds gusting up to 40 knots and waves as high as 10-storey buildings.*

Une des courses à la voile les plus extrêmes du monde. Des rafales à 40 nœuds et des vagues aussi hautes qu'un immeuble de 10 étages.

Eén van de meest extreme zeilbootraces ter wereld. Windstoten van 40 knopen en huizenhoge golven.

fire

"Fire is the test of gold; adversity, of strong men."

– Seneca

"Le feu est le test de l'or ; L'adversité, des hommes forts."

– Sénèque

"Vuur is de test van goud; tegenspoed, van sterke mannen."

– Seneca

Race car driving

24 HOURS OF SPA - FRANCHORCHAMPS (2004) - 6,978 KM

TRA BUILDING
proxim

▲ Spa-Franchorchamps FIA-GT (24-hours). With top speeds of 300 kph these racing cars are the fastest GTs around.

'La Source', a 160° hairpin bend on the Franchorchamps circuit. The driver has to shift from top gear down to second before re-accelarating to take the famous 'Raidillion'.

Spa-Francorchamps FIA-GT (24h). Avec des pointes de vitesse à 300 km/h, ces voitures de courses sont les GT les plus rapides au monde.

"La Source", un virage de 160° sur le circuit de Francorchamps. Le pilote doit rétrograder de la sixième vitesse en seconde avant de réaccélérer à nouveau pour prendre le fameux "raidillon".

Spa-Francorchamps FIA-GT (24u) Met topsnelheden van 300km/u zijn deze race-auto's de snelste GT's ter wereld.

'La source' is een 160° haarspeldbocht op het circuit van Francorchamps. De piloot moet in deze bocht van zesde versnelling naar tweede schakelen alvorens weer op te trekken om de befaamde 'radillion'te nemen.

Porsche GT3-R ▶

proximus
RACING SHOP

RENAULT
ROYAL AUTOMOBILE CLUB BELGIUM
proximus
proximus
proximus
proximus
proximus
proximus

◄ THE 'RAIDILLON' OR STEEP RISE, UNIQUE IN ITS KIND, INTENDED TO BE PASSED AT VERY HIGH SPEED, WAS A FORERUNNER.

LE "RAIDILLON ", MONTÉE ABRUPTE, UNIQUE EN SON GENRE, QUE L'ON ESSAYE DE PASSER À TRÈS GRANDE VITESSE.

DE 'RAIDILLON' OF STEILE HELLING IS UNIEK IN ZIJN SOORT EN WORDT GENOMEN AAN ZEER HOGE SNELHEDEN.

1990, MY FIRST RACE. ►

1990, MA PREMIÈRE COURSE.

1990, MIJN EERSTE RACE.

Like almost every young man, I dreamed of being a racing driver. In 2004 I decided to participate in all the classic endurance races: the '24 Uren van Zolder' and '24 Hours of Spa' in Belgium, the '24 Hours of Daytona' and '12 Hours of Sebring' in the United States', the '24h-Rennen Nürburgring' in Germany and the biggest race in the world, 'les 24 Heures du Mans' in France.

Spa 1990

The Spa 24 hours is an automobile race held annually in Belgium at the Spa-Francorchamps circuit, commonly known as Spa. Conceived by Jules de Their and Henri Langlois Van Ophem just one year after the first 24 hours of Le Mans, the race was run under the auspices of the Royal Automobile Club of Belgium (RACB).
It was held for the first time in 1924 over a 9.3 mile circuit on public roads between the towns of Francorchamps, Malmedy and Stavelot. The present 3,87 mile circuit was inaugurated in 1979.

In 1990 Alain Thibaut, a friend of mine, suggested that I participate in the Spa 24 hours.
I did not have the funds to spare, but...
For 6 months I took courses and practised on go-kart tracks and finally got a shot at racing. Out of the three drivers in our team, only Alain and myself succeeded in the turbulent qualifying rounds.
So during my 'historic' race we finished the 24H with just the two of us, alternating every couple of hours.
I lost over 7 kilos during the 24 hours as the temperature outside was 29° and inside the car up to 50°C.

Comme beaucoup de jeunes, j'ai rêvé d'être pilote automobile. En 2004 j'ai décidé de participer à toutes les courses d'endurance classiques: les '24 heures de Zolder' et les '24 heures de Spa' en Belgique, les '24 heures de Daytona' et les '12 heures de Sebring' aux États-Unis, les '24 heures du Nürburgring' en Allemagne et la plus grande course du monde, 'les 24 heures du Mans' en France'.

Spa 1990

La course automobile des 24 heures de Spa est organisée une fois par an en Belgique, au circuit de Spa-Francorchamps. Conçue par Jules de Their et Henri Langlois Van Ophem tout juste un an après la première édition des 24 heures du Mans, la course s'est déroulée sous les auspices du RACB (Royal Automobile Club Belgium).
Elle s'est tenue pour la première fois en 1924 sur 15 kilomètres, sur les routes publiques reliant Francorchamps, à Malmedy et Stavelot. Le circuit actuel long de 6,978 km a été inauguré en 1979.

En 1990, mon ami Alain Thibaut, m'a suggéré de participer aux "24 heures de Spa". J'étais sceptique et n'avais pas vraiment les moyens.
J'ai pris des cours pendant six mois, je me suis entraîné sur des pistes de karting et finalement, je me suis lancé. À l'issue de qualifications agitées, seuls Alain et moi-même ont pu se qualifier. C'est ainsi que pendant ma course " historique ", avec un changement de pilote toutes les deux heures nous avons terminé les 24 heures. La température extérieure était de 29°C et à l'intérieur de la voiture elle est montée jusqu'à 50°C. J'ai perdu plus de sept kilos pendant l'événement.

Zoals elke jongen droomde ik ervan om autopiloot te worden. In 2004 besloot ik deel te nemen aan alle klassieke uithoudingskoersen: de '24 Uur van Zolder', de '24 Uur van Spa', de '24 Uur van Daytona', de '12 Uur van Sebring' in de Verenigde Staten, de '24h-Rennen van de Nürburgring' in Duitsland en de grootste race ter wereld, 'les 24 Heures du Mans' in Frankrijk.

Spa 1990

"De 24 uur van Spa" is een autorace die jaarlijks in België gehouden wordt op het circuit Spa-Francorchamps.
De wedstrijd is in het leven geroepen door Jules de Their en Henry Langlois van Ophem, vlak na de eerste '24 uur van Le Mans' in 1924, en stond onder het toezicht van de Koninklijke Automobielclub van België (KACB).
Ze werd voor de eerste keer gehouden op een circuit van 15 kilometer op de openbare weg tussen de steden Francorchamps, Malmedy en Stavelot.
Het huidige circuit van 6,978 km werd in 1979 ingehuldigd.

In 1990 vroeg Alain Thibaut mij deel te nemen aan de '24 Uur van Spa'.
Zes maanden lang volgde ik cursussen en oefende op go-karts om uiteindelijk mijn kans te grijpen. Tijdens een turbulente kwalificatie konden enkel Alain en ik ons plaatsen. Elkaar om de 2 uur afwisselend als piloot hebben wij de koers samen uitgereden.
Gedurende die 24 uur verloor ik meer dan 7 kilo. Niet verwonderlijk met een temperatuur van 50°C in de wagen. Het was een ware sauna.

24 H-RENNEN NÜRBURGRING, NORDSCHLEIFFE (2005) - 25,4 KM

Spa 2004
It was 14 years later and with more extreme sports experience and additional financial backing that I started my second life as a racing driver.

Nürburgring
The Nordschleife circuit, built in the 1920's around the village and medieval castle of Nürburg in the Eifel mountains, is widely considered the toughest and most demanding purpose-built racetrack in the world, and was nicknamed The Green Hell by Jackie Stewart.
This race is madness! Anyone and everyone enters for it. I think the only vehicle that doesn't take part is the English double-decker bus.
The 24 Hours Nürburgring weekend, usually held in mid-June, features 220 cars.

Spa 2004
C'est quatorze ans plus tard, avec une expérience plus grande dans les sports extrêmes et un meilleur soutien financier que j'ai débuté ma deuxième vie de pilote automobile.

Nürburgring
La boucle appelée " Nordschleife " (tracé nord), construite dans les années '20 autour du village de Nürburg, dans le massif de l'Eifel, et de son château médiéval, est largement considérée comme le circuit le plus dur et le plus exigeant du monde. Jackie Steward l'a d'ailleurs surnommé " l'Enfer vert ".
Le week-end des 24 heures de Nürburgring, qui se déroule généralement à la mi-juin, accueille 220 voitures.

Spa 2004
Veertien jaar later, met meer ervaring in extreme sporten en extra financiële steun begon ik mijn tweede leven als racepiloot .

Nürburgring
Deze ring, 'Nordschleife' genoemd, werd gebouwd in de jaren '20 rond het dorp en het middeleeuwse kasteel van Nürburg in het Eifelgebergte. Hij wordt algemeen als de moeilijkste en meest veeleisende racebaan van de wereld beschouwd, niet voor niets 'de groene hel' door Jackie Steward genoemd.
Het weekend van de '24 uur van de Nürburgring' vindt meestal plaats midden juni en trekt een wijd gamma van 220 auto's aan.

12 HOURS OF SEBRING (2005) - 5,95 KM

ADOBE ROAD
PAGID
10
JEANRICHARD

Mob
Power is nothing without control.
PIRELLI
Budweiser
Mobil 1

▲ *Porsche GT3 RSR*

"Man is so made that when anything fires his soul, impossibilities vanish."

- Jean de La Font

"L'homme est ainsi bâti : quand un sujet l'enflamme, l'impossibilité disparaît à son âme."

- Jean de La Font

"De mens is zo geboren dat, wanneer passie verschijnt, hindernissen verdwijnen."

- Jean de La Font

24 HOURS OF DAYTONA (2005) - 5,73 KM

◄ FROM THE TOWER, THE 'SPOTTER' CAN FOLLOW AND HELP HIS DRIVER THROUGHOUT THE LAP.

DEPUIS LA TOUR, LE "SPOTTER" PEUT SUIVRE SON PILOTE ET L'AIDER PENDANT TOUTE LA COURSE.

VANUIT DE TOREN KAN DE 'SPOTTER' DE PILOOT OVER HEEL HET CIRCUIT VOLGEN EN VIA RADIO-CONTACT HELPEN.

From small 100hp vehicles up to 700hp Turbo Porsches and 500hp factory racing cars (BMW, Opel and Audi), over 700 drivers (amateurs and professionals) race in front of 220,000 spectators.

For 60 years, the 173 corners and 15,8 miles of Germany's Nürburgring Nordschleife has produced some of the greatest races of all time, only leaving the Formula One calendar after the 1976 accident that nearly killed Nicky Lauda (World Champion).

12 Hours of Sebring

The 12 hours of Sebring is an annual endurance race held at Sebring Raceway, a former Air Force base in Florida.
The track opened in 1950 on Hendricks Airfield and is a road-racing course styled after those used in European Grand Prix motor racing. It is now considered one of the premier races in the United States and is famous for its 'once around the clock' action starting during the day and finishing at night.

Daytona

The Daytona race signals the start of a new season. The Florida event is a fan's dream, drawing some of the world's top drivers of LM-prototypes, 'Indy cars' and 'NASCAR'.

Because it is traditionally held in January, more than half the race is run in darkness. The circuit is unique for 24-hour races, combining an infield road course with a high-banked oval. It's a real rush to drive the banking, especially under the lights.

Auto racing is addictive because you're in a machine that can go faster than you.

Des petites de 110 chevaux à des Porsche Turbo de 700 chevaux en passant par des voitures d'usine (BMW, Opel, Audi) de 500 chevaux, plus de 700 pilotes (amateurs et professionnels) courent pour un public de 220.000 spectateurs.

Pendant 60 ans, les 173 virages et les 25,4 kilomètres du circuit d'Allemagne Nürburgring Nordschleife ont donné lieu à quelques-unes des plus belles courses de tous les temps pour être rayé du calendrier de la Formule 1 après l'accident en 1976 qui a failli coûter la vie à Nicky Lauda (champion du monde).

12 heures de Sebring

Les 12 heures de Sebring est une course d'endurance qui se tient chaque année au circuit de Sebring, sur une ancienne base aérienne, en Floride. Ouvert en 1950 sur le terrain d'aviation d'Hendricks, il s'agit d'une course sur route inspirée des Grands Prix automobiles européens. Elle est aujourd'hui considérée comme l'une des premières courses d'endurance américaines et elle est célèbre pour son classique " tour de cadran ", qui commence à midi et s'achève à minuit.

Daytona

La course de Daytona donne le départ d'une nouvelle saison. L'événement qui se déroule en Floride est le rêve de tout fan et attire certains des meilleurs pilotes au monde de LM-prototypes, de monoplaces de type 'Indy' et de NASCAR.
La course étant généralement organisée en janvier, plus de la moitié se court dans l'obscurité. Le circuit est unique pour les courses de 24 heures, il associe une course au centre de la piste et un circuit ovale aux devers très prononcés.

Kleine 100pk wagens tot 700pk Porsche Turbo's en 500pk fabriekswagens (BMW, Opel, Audi); meer dan 700 deelnemende piloten (professionelen en amateurs) racen voor ruim 220.000 toeschouwers.

Al 60 jaar vormen de 173 bochten en het 25,4 kilometer lange parcours van de Nürburgring Nordschleife in Duitsland de basis voor enkele van de grootste races aller tijden. Toen Niki Lauda (de wereldkampioen) er in 1976 bijna het leven bij liet, werd deze wedstrijd van de formule-1-kalender geschrapt.

12 Hours of Sebring

De '12 uur van Sebring' is een jaarlijkse uithoudingsrace die gehouden wordt op de Sebring Raceway, een voormalige luchtmachtbasis in Florida.
Dit circuit werd in 1950 geopend op de Hendrickx luchthaven en is volledig geconcipieerd op de Europese Grand Prix circuits.
Deze race wordt nu in het algemeen als één van de belangrijkste uithoudingsraces in Amerika beschouwd en is beroemd omwille van het feit dat er rond de klok wordt gereden van 's middags tot middernacht.

Daytona

De Daytona Race is de start van een nieuw seizoen. Dit evenement in Florida is dé droom van elke fan, met toppiloten uit gans de autosportwereld van LM-prototypes, 'Indycars' en 'NASCAR'.

Omdat het naar traditie altijd in januari gehouden wordt, verloopt meer dan de helft van de race in het duister. Het circuit zelf is uniek voor 24-uurraces.

DAY

TONA

the auto GALLERY
PORSCHE
63
Hoosier
Airgas

RECARO
SSR
63
TRG
ADOBE ROAD

ADOBE ROAD
SUNOCO
Hoosier

ACXIOM
Ebimotors
TOORA
SSR

I lost over 7 kilos during the 24 hours.

J'ai perdu plus de sept kilos pendant les 24 heures.

Ik verloor meer dan 7 kilo tijdens die 24 uur.

Not only is the driver's ability important, but the car has almost a life of its own. You have to able to pace it.

The key elements to endurance racing are controlling the emotions, putting aside arrogance and ego, and holding back. You know you can do better, but you have to save yourself and the car for 24 hours. If you push too hard, you enter the danger zone where a mistake means the end of the race. Taking it to that limit where everything depends on balance, control and performance. It's an interesting inner game.

While Le Mans is still ahead of me, I have been able to finish all the other 24H endurance races. An amazing feat in such a short time (1 year) for a non-professional driver.

C'est un vrai rush de piloter sur les devers, surtout sous les projecteurs.

La course automobile crée une réelle dépendance car on se retrouve dans une machine qui peut aller plus vite que nous. Ce qui compte ce n'est pas uniquement le talent du pilote, la voiture est presque vivante. Il faut être capable de la maîtriser.

Contrôler ses émotions, faire abstraction de son arrogance et de son ego et se réfréner sont les clés de la course d'endurance automobile. On sait que l'on peut mieux faire, mais on doit se protéger soi-même et la voiture pendant 24 heures. En y allant trop fort, on pénètre dans la zone rouge où la moindre erreur signifie la fin de la course. Atteindre la limite où tout dépend de l'équilibre, du contrôle et des performances. C'est un jeu intérieur passionnant.

Il me reste Le Mans, mais j'ai réussi à finir toutes les autres courses. Un exploit remarquable en si peu de temps, un an à peine, pour un pilote non professionnel.

Daytona combineert een binnencircuit met een hoge ovale berm (banking). Vooral 's nachts, met lichten aan, geeft het een echte kick om op die banking te rijden.

Autoracen werkt verslavend omdat je in een bolide zit die sneller kan gaan dan jezelf. Niet alleen de vaardigheid van de piloot telt, men moet ook beseffen dat de auto als het ware een eigen leven leidt. Je moet in staat zijn hem te leiden.

In uithoudingsraces is het belangrijk om gevoelens zoals hoogmoed en ego opzij te zetten. Jezelf intomen is het sleutelwoord. Je weet misschien dat je nog beter kan, maar je moet jezelf en je auto sparen voor de volle 24 uur. Als je te hard pusht, kom je in de gevarenzone waar één enkele fout vaak het einde van de race betekent.
De kunst bestaat erin om die grens niet te overschrijden, maar de balans te vinden tussen controle en prestatie. Het is een boeiend innerlijk spel.

Terwijl Le Mans nog voor me ligt, heb ik aan alle andere 24 uur races deelgenomen én ze uitgereden. Een verbluffende prestatie in nauwelijks één jaar, voor een niet-professionele piloot.

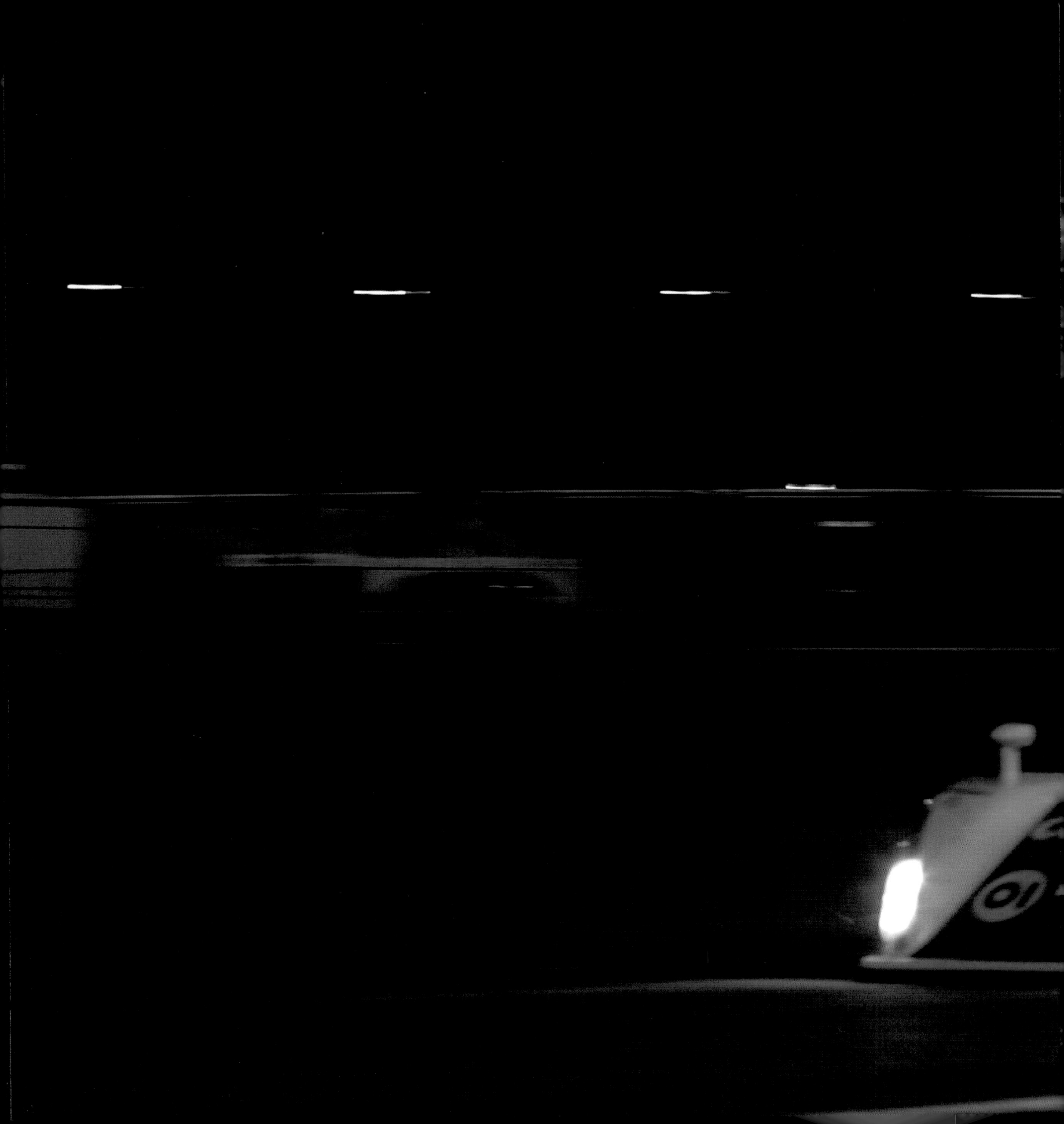

01
COMPUSA!

63
GALLERY

01
COMPUSA
BELKIN

Martial arts

In the Book of Five Rings, the great 14th-century samurai warrior Miamoto Musashi wrote, 'A true master can be recognized by the way he walks.'

What he meant was that no matter what passion or profession you choose, you must try to be the best you can, to achieve a level where the fact that you are a master can be seen in your presence or aura. This lesson inspired me in all my future pursuits.

Dans son Traité des cinq anneaux, Miyamoto Musashi, le grand samouraï du 14ème siècle a écrit " On reconnaît un vrai maître à sa démarche ".

Cela signifie que quelle que soit votre passion ou votre profession, vous devez essayer d'être le meilleur afin que votre maîtrise transparaisse par votre simple présence ou votre aura. Je me suis inspiré de cette leçon dans toutes mes quêtes.

In het "Boek van Vijf Ringen" schreef de grote 14de-eeuwse samoeraistrijder Miamoto Musashi, een „ware meester kan herkend worden aan de manier waarop hij loopt."

Wat hij bedoelde was, welke passie of beroep je ook kiest, je moet proberen het beste uit jezelf te halen en een niveau te bereiken waar je houding of aura je meesterschap uitstraalt. Deze les inspireerde me in al mijn verdere streefdoelen.

"People seek a challenge just as fire seeks to become a flame."
- Chinese proverb

"Les hommes cherchent à relever des défis,
comme le feu cherche à s'enflammer."
- Proverbe chinois

"Mensen zijn op zoek naar uitdagingen die hen in vuur en vlam zetten."
- Chinees spreekwoord

◄ *During one of my 'bouts' in the Netherlands. 'No quarter asked, no quarter given'.*

Pendant un de mes combats aux Pays-Bas. "Pas de pitié!"

Gedurende één van mijn wedstrijden in Nederland. "Geen medelijden!"

You can hit with the elbow and the knee, everything is permitted.
I was always getting internal haematomas and bruises.

After a couple of Thai boxing fights I looked myself in the mirror and said 'What am I doing this for?' This is like cock-fighting. There is no point in it for me...

Coups de coude, coups de genou... tous les coups sont permis.
Je collectionnais les hématomes internes et les ecchymoses.

Après quelques combats de boxe Thaï, je me suis regardé dans le miroir et je me suis dit: "Pourquoi est-ce que tu fais ça ?". C'est comme les combats de coqs. Ça n'a pas de sens pour moi...,

Knie- of elleboogstoot... alles is toegelaten.
Met inwendige bloedingen en kneuzingen tot gevolg.

Na een paar "Thaibox" wedstrijden keek ik in de spiegel en dacht bij mezelf „Waarom?" Dit lijkt op hanengevechten. Het is zinloos voor mij...

Marc Sluszny

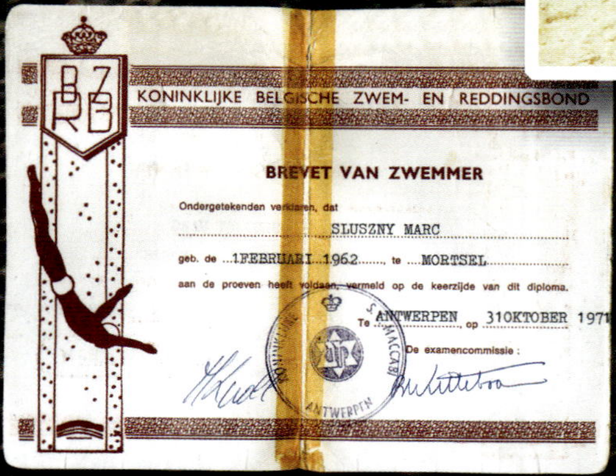

KONINKLIJKE BELGISCHE ZWEM- EN REDDINGSBOND

BREVET VAN ZWEMMER

Ondergetekenden verklaren, dat

SLUSZNY MARC

geb. de 1FEBRUARI 1962, te MORTSEL

aan de proeven heeft voldaan, vermeld op de keerzijde van dit diploma.

Te ANTWERPEN, op 31OKTOBER 1971

De examencommissie :

10th maccabiah
המכביה ה
IDENTITY CARD № 3905 כרטיס זהוי מס׳
ד
TENNIS
NAME OF BEARER שם ומשפחה
SLUSZNY MARC
הועד המארגן של המכביה העשירית
The Organising Committee of the 10th Maccabiah
CHAIRMAN יו״ר
SECRETARY מזכיר
D
NAME OF BEARER שם ומשפחה
4414
SLUSZNY Marc

Sluszny : «Tennis
als kunst bena
JUST DO IT.
20
Zondag 22
Zextra
Marc Sluszny rijgt wereldre
De Belg die Superm
Pascal WEISS
Een avonturier ben je wel?
Gouden tijden
„IK BEN ALS EEN HAAI. DIE STERFT ALS HIJ STOPT MET ZWEMMEN"
„IN ALLES WAT IK DOE, WIL IK DE TOP HALEN. NIET DE TOP, MIJN EIGEN TOP"
Sluszny als skysurfer.
Bij de beklimming van een achtduizen
Sluszny basejumpt van een dam.
Als schermer.
Als piloot in de Daytona.
The man who falls to earth
THE SUE MOTT INTERVIEW
22-jarige Berchemnaar lijkt weer «de oude»
Marc Sluszny vooral op ... vlak gegroeid
the Bulletin
THE NEWSWEEKLY OF THE CAPITAL OF EUROPE / JULY 18, 1996 / 85 BF
WHAT'S ON
YOUR PULL-OUT ENTERTAINMENT GUIDE
COULD THIS BE HEAVEN?
Meet the nation's best sky surfer
HOT SPOTS: summer in the city
'Superman' sets sail for yacht epic
By NEIL SMITH
WA's entry in this year's Sydney-Hobart yacht race, Hans Butter's sloop Icefire, has a secret weapon.
It is Belgian extreme-sports exponent Marc Sluszny, a commodities
A member of the Belgian national fencing team, Sluszny competed in the Olympics, was 10th in the European Championships in Moscow and came eighth in the World Championship in Lisbon in 2002.

WORLD & PEOPLE
Zondag 22 mei 2005
n uitdagingen aan elkaar
loet verbleken
재미있는 세계
지구촌 사람들
◆사진 · GAMMA
True stories of real people help
Try on a pair and begin your own adventure.
Te land, ter zee en in de lucht
Marc Sluszny
monkey
A KIPLING BASIC MAGAZINE
maken met flirten met de dood."
©WIM KEMPENAERS
Picture: RICHARD POLDEN
surfs the skies
China's string of pearls
ولا مجال للخطر!

Marc Sluszny
01/02/1962
Belgian
Commodity Trader

1982-83 Tennis
- Davis Cup player for Belgium / National Team

1988 Swimming
- Crossing of the English channel (10.35 hrs - 36 km)

1990 Race car driving
- Finished 29th overall at the 24 H Spa - Francorchamps (Group A) – Alfa Romeo 75

1992 Golf
- Ranked n° 5 in Belgium (amateurs)

1994 Bungee Jumping
- Established a new world record for the highest jump ever (from a hot air balloon) at 6.720 m (22.000 ft)

1995 Sky Surfing
- Finished 4th at the world-championships
- Belgian Champion

1996 Base Jumping
- Norway : Kjerog - Lysefjord 1.000 m (first acrobatic stunt)

1997 Alpinisme
- Was part of the Belgian Himalaya expedition (without oxygen) Annapurna 8.091 m

2000 Hang Gliding
- Belgian record holder Aerobatics : loopings
- 100 Km cross country non-stop

2002 Fencing (epee)
- Belgium National Team / Olympic Team
- 10th at the European championships (Moscow)
- 8th at the World Championships (Lisbon)

2003 Ocean Racing
- Sydney to Hobart on "Ice Fire" (first Belgian to have ever crossed)

2004 Race car driving
- Finished 15th (overall) at the 24 H Spa – Francorchamps (F.I.A – GT) – Porsche GT3-R
  6th in cat GTB
- Finished 7th (overall) at the 24 H Zolder - Porsche GT3-R

2005 Race car driving
- Finished 20th (overall) at the 24 H of Daytona (USA) – Porsche GT3-cup
  8th in cat G.T.
- Finished 16th (overall) at the 12 H of Sebring (USA) – Porsche GT3-RSR
  4th in cat GT2
- Finished 39th (overall) at the 24 H of Nurburging (Germany)
  6th in cat 2L

Marc Sluszny
01/02/1962
Belge
Trade International

1982-83 Tennis
- Joueur de Coup Davis pour la Belgique/Equipe National

1988 Natation
- Traversé de la Manche (10h35 - 36 km)

1990 Course de voiture
- Termine 29 ieme (au général) aux 24hrs de Spa-Francorchamps (Group A) – Alfa Romeo 75

1992 Golf
- Classé n° 5 en Belgique (amateurs)

1994 Saut a l'élastique
- Etabli un nouveau record du monde pour le saut le plus haut d'une montgolfière de 6.720 m (22.000 ft)

1995 Sky Surfing
- 4ième au championnat du monde
- Champion de Belgique

1996 B.A.S.E.
- Premier stunt acrobatique (Norvège, Kjerog-Lysefjord, 1.000m)

1997 Alpinisme
- Faisait partie de l'expédition Belge a l'Himalaya - Annapurna 8.091 m (sans oxygène)

2000 Delta
- Record Belge Aerobatique : loopings
- 100 Km cross country non-stop

2002 Escrime (épée)
- Equipe Nationale / Fait partie de l'équipe Olympique
- 10ième au champ. d'Europe (Moskou)
- 8ième au champ. du monde (Lisabonne)

2003 Voile
- Sydney à Holbart sur 'Ice Fire' (premier Belge a avoir fait la traversé)

2004 Course de voiture
- Termine 15 ieme (au général) aux 24hrs de Spa-Francorchamps (F.I.A – G.T.) – Porsche GT3-R
  6ième en cat. GTB
- Termine 7 ieme (au général) aux 24hrs de Zolder – Porsche GT3-R

2005 Course de voiture
- 20 ieme (au général) aux 24hrs de Daytona (USA)
  8 ieme en group GT – Porsche GT3-cup
- Termine 16 ieme (au général) aux 12hrs de Sebring (USA)
  4 ieme en group GT2 – Porsche GT3-RSR
- Termine 39 ieme (au général) aux 24hrs de Nuburgring (All.)
  6 ieme en group 2L

Marc Sluszny
01/02/1962
Belg
Commodity Trader

1982-83 Tennis
- Nationaal Team / Davis Cup

1988 Zwemmen
- Kanaalzwemmen (10u35 – 36 km)

1990 Autoracen
- 29ste (algemeen) op de 24 uren van Spa-Francorchamps (Groep A) – Alfa Romeo 75

1992 Golf
- 5de in België (amateurs)

1994 Benji-springen
- Nieuw wereld record van de hoogste sprong ooit (vanuit een luchtballon) op 6.720m (22.000 ft)

1995 Sky Surfing
- N° 4 op WK (Eloy, Arizona)
- Belgisch kampioen

1996 B.A.S.E.
- Eerste acrobatische stunt (Norway,Kjerog - Lysefjord,1.000m)

1997 Bergbeklimmen
- Maakt deel uit van het Belgisch Himalaya expeditie (zonder zuurstof) (Annapurna 8.091m)

2000 Delta
- Belgisch record houder van Aerobatics : loopings
- 100 Km cross country non-stop

2002 Schermen (Degen)
- Nationaal team / Opgenomen in het kader van de 'Olympische Elite'
- 10de op E.K. (Moskou)
- 8ste op W.K. (Lissabon)

2003 Ocean Racing
- Sydney naar Holbart op "Ice Fire" (eerste Belg om de overtocht te hebben gedaan)

2004 Autoracen
- 15de (algemeen) op de 24 uren van Spa-Francorchamps (F.I.A – GT) – Porsche GT3-R
  6de in cat. GTB
- 7de (algemeen) op de 24 uren van Zolder – Porsche GT3-R

2005 Autoracen
- 20ste (algemeen) op de 24 uren van Daytona (USA)
  8ste in cat. GT – Porsche GT3-cup
- 16de (algemeen) op de 12 uren van Sebring (USA)- 4de in cat GT2-Porsche RSR
- 39ste (algemeen) op de 24 uren van Nurburgring (Duitsl.)
  6de in cat 2L

Acknowledgements

This book is dedicated to all my friends, teachers and masters, who were there when I needed them and helped me achieve my goals, challenges and dreams.
To those that are no longer with us, it was an honour to have shared the path with you...
A man dies twice: once physically and once when his name is forgotten.

All of you are marked in my Soul.

Marc Sluszny

Je dédie ce livre à tous mes amis, professeurs et maîtres, vous qui étiez là quand j'ai eu besoin de vous et qui m'avez aidé à atteindre mes buts, à relever mes défis et à réaliser mes rêves.
À ceux qui ne sont plus parmi nous ; ce fut un honneur de faire un bout de chemin ensemble...
Un homme meurt deux fois, une fois physiquement et une fois lorsque son nom est oublié.

Vous êtes tous gravés dans mon Âme.

Marc Sluszny

Dit boek is opgedragen aan al mijn vrienden, leraars en meesters, die daar waren, toen ik ze nodig had en me geholpen hebben om mijn doelen te bereiken, mijn dromen en uitdagingen te verwezenlijken.
Aan hen die niet langer bij ons zijn, het was een eer om het pad met u te hebben gedeeld...
Een mens sterft twee keer: eerst fysiek en nogmaals wanneer zijn naam vergeten is.

Jullie staan allen in mijn ziel gegrift.

Marc Sluszny

Thanks to / Remerciements à / Met dank aan:

Ann Van Loock, Miet Driessen, Sylvia Proudfoot, Marcel & Marvin, Jet & Mercedes, Andreas, Gary, Elad, Adrian & Jill, Pierre Van Mensel, Paul Motmans & Sabine Swaenens, Peter Blocken, Gil, Stefan Kissling, Eric Fradet, Jean-Claude, Maître Simon, Dan & Tom, Andree Joos, Pascal Debrauwer, Manu & Omer, Angelina, Christian Pelegrie, Nele Lokermans.

Translations by Ann Van Loock (Dutch) and Carole Touati (French).
English corrections by Gregory Ball.

Lay-out by Gunter Segers.

Creditline

Photography / Photographie / Foto's:

Hennie Wiggers, Willy Boeykens, Gilles Le Touche, Andreas Wierzynski, John Brooks, Patrick Poelemans, Eric Caroen, Marcel Sluszny, Aghneta Kuhn, Christian Dewitte, fotostudio Pelegrie, Hans Butter, Richard Bennett, M.S., Adrian Hill, Lieve Ceusters.

Because the amount of pictures used from Marc Sluszny's archives, we might not have been able to credit all the photographers. We would like to apologize to anyone who might have been forgotten.